Jens Gundermann

Trends und Ansprüche für Barrierefreiheit von Webinhalten: Die Relevanz von WAI-ARIA und WCAG 2.0

Diplomica® Verlag GmbH

Gundermann, Jens: Trends und Ansprüche für Barrierefreiheit von Webinhalten: Die Relevanz von WAI-ARIA und WCAG 2.0, Hamburg, Diplomica Verlag GmbH 2011

ISBN: 978-3-8428-5025-5
Druck: Diplomica® Verlag GmbH, Hamburg, 2011

Bibliografische Information der Deutschen Nationalbibliothek:
Die Deutsche Nationalbibliothek verzeichnet diese Publikation in der Deutschen Nationalbibliografie; detaillierte bibliografische Daten sind im Internet über http://dnb.d-nb.de abrufbar.

Die digitale Ausgabe (eBook-Ausgabe) dieses Titels trägt die ISBN 978-3-8428-0025-0 und kann über den Handel oder den Verlag bezogen werden.

Dieses Werk ist urheberrechtlich geschützt. Die dadurch begründeten Rechte, insbesondere die der Übersetzung, des Nachdrucks, des Vortrags, der Entnahme von Abbildungen und Tabellen, der Funksendung, der Mikroverfilmung oder der Vervielfältigung auf anderen Wegen und der Speicherung in Datenverarbeitungsanlagen, bleiben, auch bei nur auszugsweiser Verwertung, vorbehalten. Eine Vervielfältigung dieses Werkes oder von Teilen dieses Werkes ist auch im Einzelfall nur in den Grenzen der gesetzlichen Bestimmungen des Urheberrechtsgesetzes der Bundesrepublik Deutschland in der jeweils geltenden Fassung zulässig. Sie ist grundsätzlich vergütungspflichtig. Zuwiderhandlungen unterliegen den Strafbestimmungen des Urheberrechtes.

Die Wiedergabe von Gebrauchsnamen, Handelsnamen, Warenbezeichnungen usw. in diesem Werk berechtigt auch ohne besondere Kennzeichnung nicht zu der Annahme, dass solche Namen im Sinne der Warenzeichen- und Markenschutz-Gesetzgebung als frei zu betrachten wären und daher von jedermann benutzt werden dürften.

Die Informationen in diesem Werk wurden mit Sorgfalt erarbeitet. Dennoch können Fehler nicht vollständig ausgeschlossen werden, und der Diplomica Verlag, die Autoren oder Übersetzer übernehmen keine juristische Verantwortung oder irgendeine Haftung für evtl. verbliebene fehlerhafte Angaben und deren Folgen.

© Diplomica Verlag GmbH
http://www.diplomica-verlag.de, Hamburg 2011
Printed in Germany

„The power of the Web is in its universality.

Access by everyone regardless of disability is an essential aspect."

Tim Berners-Lee, W3C Director and inventor of the World Wide Web

Inhaltsverzeichnis

Abbildungsverzeichnis..V

Tabellenverzeichnis..VI

Abkürzungsverzeichnis...VII

1 Einleitung...1
    1.1 Motivation...1
    1.2 Grundgedanke...2
    1.3 Aufbau des Buches...2
    1.4 Hinweise...3

2 Grundgedanken und Problematik...4
    2.1 Usability (Gebrauchstauglichkeit)..4
        2.1.1 Anforderungen an die Gebrauchstauglichkeit...5
        2.1.2 Grundsätze der Dialoggestaltung...6
        2.1.3 Web - Konventionen..7
        2.1.4 Usability für Menschen mit Leseschwäche...8
        2.1.5 Fazit..10
    2.2 Accessibility (Zugänglichkeit)...10
        2.2.1 Web - Accessibility..11
        2.2.2 Accessibility contra Usability..13
        2.2.3 Rechtliche Rahmenbedingungen des barrierefreien Webdesigns..........14

3 Berücksichtigung der Arten von Behinderungen 15
    3.1 Sehbehinderungen...15
    3.2 Hörbehinderungen..18
    3.3 Kognitive, Lern- und Sprachbehinderungen..19
    3.4 Körperliche Einschränkungen..21

4 Assistive Technologien...22
    4.1 Screenreader...22
        4.1.1 Zugänglichkeit für Screenreader..23
        4.1.2 Accesskeys und Screenreader..28
    4.2 Braillezeile...29
    4.3 Weitere assistive Technologien...30

5 Richtlinien, Empfehlungen und Verordnungen..32
    5.1 International...32
        5.1.1 Web Content Accessibility Guidelines (WCAG)..................................33
        5.1.2 Authoring Tool Accessibility Guidelines (ATAG) 38
        5.1.3 User Agent Accessibility Guidelines (UAAG).....................................39
        5.1.4 Accessible Rich Internet Applications (WAI-ARIA)............................40
    5.2 National..42
        5.2.1 Behindertengleichstellungsgesetz (BGG)..42

5.2.2 Barrierefreie Informationstechnik-Verordnung (BITV)..........................43

6 Umsetzung barrierefreier Inhalte..**45**

    6.1 Techniken für WCAG 2.0...45
        6.1.1 Beispiel für die Benutzung des "lang" Attributs.....................................45
        6.1.2 Beispiel für die Nicht-Berücksichtigung von Grafiken durch AT...........46
        6.1.3 Beispiel für Client-seitige Validierung und Warnung.............................46
        6.1.4 Beispiel für ausklappbares Menü..47
    6.2 WAI-ARIA..48
        6.2.1 Rollen, Eigenschaften und Zustände von ARIA.....................................48
        6.2.2 Beispiel für den Einsatz von ARIA landmark roles................................49
        6.2.3 ARIA Baum Beispiel..51
        6.2.4 ARIA Schieberegler Beispiel..52
        6.2.5 Navigation über die Tastatur...54
        6.2.6 ARIA Live-Regionen..55
    6.3 Barrierefreies Flash...56
        6.3.1 Tabulatorreihenfolge für die Navigation per Tastatur erstellen..............57
        6.3.2 Zugängliche ActionScript 3.0 - Komponenten.......................................58
        6.3.3 Beispiel für ein Flash-Formular..59
        6.3.4 Einbinden von Flash in XHTML...59
    6.4 Barrierefreie PDF-Dokumente..60
        6.4.1 Bedingungen an ein barrierefreies PDF..61
        6.4.2 Tags und Dokumentstruktur als Fundament...62
        6.4.3 Prüfung von barrierefreien PDF-Dokumenten..64
        6.4.4 Zusätzliche Funktionen für die Barrierefreiheit......................................67
        6.4.5 Ausblick..69

7 Prüfung barrierefreier Webinhalte..**70**

    7.1 Browser-Tests...70
    7.2 Dienste / Werkzeuge zum Testen..70
    7.3 Validatoren...73

8 Fazit und Ausblick...**75**

Literaturverzeichnis..**76**

Quellverzeichnis der Abbildungen und Tabellen....................................**91**

Anhang..**94**

    Initiativen, Projekte und Portale zum Thema Barrierefreiheit..............................94

Abbildungsverzeichnis

Abbildung 1: Kurz-, Weit- und Alterssichtigkeit...16

Abbildung 2: Farbfehlsichtigkeit..16

Abbildung 3: rivers of white space..17

Abbildung 4: Retinitis Pigmentosa..18

Abbildung 5: Braillezeile mit 40 Zeichen..29

Abbildung 6: Komponenten der Zugänglichkeit...33

Abbildung 7: Überblick der WCAG 2.0 Dokumente...36

Abbildung 8: Beispiel für ein Flashformular..59

Abbildung 9: Screenshot – des Fensters Dokumenteigenschaften in Acrobat 9...........62

Abbildung 10: Screenshot des Tag-Baumes in Acrobat 9...63

Abbildung 11: Screenshot der vollständigen Prüfung in Acrobat 9.......................64

Abbildung 12: Screenshot der TouchUp-Lesereihenfolge..65

Abbildung 13: Screenshot des Fensters TouchUp-Eigenschaften..........................67

Abbildung 14: Screenshot Kennwortschutz-Einstellungen......................................68

Abbildung 15: Web Accessibility Evaluation Toolbar...72

Abbildung 16: Colour Contrast Check...73

Abbildung 17: W3C Konformitätslogo XHTML..74

Abbildung 18: W3C Konformitätslogo CSS...74

Tabellenverzeichnis

Tabelle 1: Usability – Matrix..6

Tabelle 2: Usability-Fallstudie von leseschwachen und lesestarken Benutzern................9

Tabelle 3: ausgewählte Benutzergruppen in Europa..11

Tabelle 4: Umfrageergebnis - Internet als Chance..12

Tabelle 5: Umfrageergebnis - Probleme bei der Nutzung des Internet..........................12

Tabelle 6: Umfrageergebnis – Behinderungsformen...13

Tabelle 7: Umfrage – Welche Behinderung haben Sie?..24

Tabelle 8: Umfrage – Welchen Screenreader benutzen Sie?.......................................24

Tabelle 9: Umfrage - Welchen Webbrowser nutzen Sie?..25

Tabelle 10: Umfrage - Beim Betreten einer neuen Internetseite, bin ich am... 25

Tabelle 11: Umfrage - Ich benutze Accesskeys...25

Tabelle 12: Umfrage - Ich navigiere über headings..26

Tabelle 13: Umfrage - Pop-up Fenster sind..26

Tabelle 14: Umfrage - Web 2.0 ist...27

Tabelle 15: Umfrage - Flash Inhalte sind..27

Tabelle 16: Umfrage – Acrobat pdf-Dateien sind...27

Tabelle 17: Screenreader und ARIA landmark roles...50

Tabelle 18: ARIA tabindex-Attribut..54

Tabelle 19: Eigenschaften und Werte von ARIA Live-Regionen..................................55

Tabelle 20: Komponenten und Klassen für Eingabehilfen...58

Tabelle 21: Nutzen von barrierefreien Internetseiten..71

Abkürzungsverzeichnis

ARIA	Accessible Rich Internet Applications
ATAG	Authoring Tool Accessibility Guidelines
BGG	Behindertengleichstellungsgesetz
BITV	Barrierefreie Informations-Verordnung
CSS	Cascading Style Sheets
DIN	Deutsches Institut für Normung
EN	Europäische Normen
HTML	Hypertext Markup Language
ISO	Internationale Organisation für Normung
MSAA	Microsoft Active Accessibility
PDF	Portable Document Format
TAW	Web Accessibility Test
UAAG	User Agent Accessibility Guidelines
W3C	The World Wide Web Consortium
WAI	Web Accessibility Initiative
WAVE	Web Accessibility Evaluation Tool
WCAG	Web Content Accessibility Guidelines
XHTML	Extensible Hypertext Markup Language

1 Einleitung

1.1 Motivation

Eine wesentliche Einflussnahme auf die Gesellschaft hatte schon immer die Entwicklung neuer Kommunikationsmedien. Auf der Grundlage neuartiger Technologien entstehen neue Verhaltensweisen, die unseren Alltag immer mehr erleichtern.

Das Internet ist für die aktuelle Generation und deren Kinder zur Selbstverständlichkeit geworden. Der Zugang zu Informationen aus den unterschiedlichsten Bereichen, die Möglichkeit der weltweiten Kommunikation, Angebote von Dienstleistungen und der Unterhaltungssektor sind nicht mehr wegzudenken.

Herausragend ist vor allem der soziale Wandel, der mit den Angeboten des Web 2.0 wahrgenommen wird. So entdecken sich immer mehr Menschen in der Rolle des Redakteurs, verfassen eigene Beiträge und bringen sich in verschiedenen Netzwerken ein.

Für eine große Anzahl von Benutzergruppen sind diese Informationen und Angebote des Web 2.0 schwer zugänglich. Vorwiegend für Menschen mit Behinderungen und für ältere Menschen wird aufgrund ihrer Einschränkungen die Nutzung des Internets zu einer Herausforderung.

Mit der Änderung des Artikel 3 des Grundgesetzes wurde 1996 folgendes festgeschrieben:

„Niemand darf wegen seiner Behinderung benachteiligt werden."[1]

Webdesigner werden vor die große Aufgabe gestellt, beim Entwurf von Webseiten nicht nur auf die Optik zu achten, sondern vielmehr auf die Zugänglichkeit der Inhalte. Gerade auch das Web 2.0 steckt hier voller Chancen für Menschen mit Behinderungen. Viele Barrieren können mit dem richtigen Einsatz der technischen Entwicklungen beseitigt werden, wenn die Bedürfnisse von Menschen mit unterschiedlichen Behinderungen beachtet werden.

Für blinde Nutzer sind zum Beispiel Podcasts sehr geeignet, um sich informieren zu können oder unterhalten zu werden. Existiert eine Textversion des Podcasts auf der

---

1 [GRGE07], S.11

Webseite, würden auch Hörgeschädigte einen Nutzen davon haben. Menschen mit Lernschwierigkeiten oder motorischen Einschränkungen profitieren bei einer Suchfunktion von Wortvorschlägen, da hier keine perfekten Rechtschreibkenntnisse gebraucht werden und auch Tippfehler keine Rolle spielen.

Richtlinien und Empfehlungen zu Techniken und Webstandards, welche der Zugänglichkeit und der Barrierefreiheit im Web 2.0 dienen, werden von der WAI (Web Accessibility Initiative) erstellt. Neben den WCAG 2.0 (Web Content Accessibility Guidelines) gilt besonderes Augenmerk der Reihe ARIA (Accessible Rich Internet Applications), in der festgelegt wird, wie Menschen mit Behinderungen Zugang zu dynamischen Inhalten finden.

Die Adressaten dieser Richtlinien sind Web-Designer und Autoren und gemeinsam mit Entwicklern von Browsern und assistiven Hilfsmitteln sollen Wege gefunden werden, um das Web für alle zugänglich zu gestalten.

1.2 Grundgedanke

Auf Grund der beschriebenen Motivation ist die Absicht dieses Buches, ein Bewusstsein für Barrierefreiheit zu schaffen, den aktuellen Stand der Barrierefreiheit im Internet widerzuspiegeln und Lösungsansätze aufzuzeigen, welche den Zugang zu Webinhalten erleichtern. Dabei wird auf Probleme eingegangen, die Menschen mit Behinderungen bei der Nutzung von assistiven Technologien haben und es werden Wege gezeigt, welche beispielsweise auf die Steuerbarkeit des Systems eingehen sowie die individuellen Bedürfnisse des Benutzers berücksichtigen. Für Webentwickler soll ersichtlich werden, dass die Entwicklung von Webinhalten mit Einhaltung bestimmter Richtlinien die Nutzbarkeit des Angebots erhöht und vor allem den Zugang für Menschen mit Behinderungen erleichtert.

1.3 Aufbau des Buches

Ausführliche Erklärungen der Terminologie werden in den ersten Kapiteln ein Basiswissen und ein Bewusstsein vermitteln, welches im weiteren Verlauf benötigt wird. Anschließend wird aufgezeigt, welche Probleme bei der Nutzung des Computers und des Internets für Menschen mit Behinderungen auftreten können, speziell bei Sehbehinderten und Blinden. Es folgt ein Überblick über Gesetze, Vorgaben und Richtlinien, welche für die Barrierefreiheit im Internet wesentlich sind. Im Anschluss wird anhand ausgewählter Beispiele ein Einblick in die Umsetzung barrierefreier Techniken gegeben und es werden Test- und Transformations-Werkzeuge vorgestellt, anhand derer die Zugänglichkeit von Webseiten geprüft werden kann. Abschließend folgt ein Ausblick, wie Barrierefreiheit unter Berücksichtigung aktueller und kommender Technologien aussehen könnte.

1.4 Hinweise

Aus Gründen der einfachen Lesbarkeit wird auf die geschlechtsneutrale Differenzierung, z.B. Benutzer/Innen, verzichtet. Entsprechende Begriffe gelten im Sinne der Gleichbehandlung grundsätzlich für beide Geschlechter.

2 Grundgedanken und Problematik

Viele Menschen haben körperliche Einschränkungen, welche die konventionelle Nutzung von Webinhalten schwer oder gar unmöglich macht. Dies wird beim Design von Webseiten oft nicht berücksichtigt. Barrierefreiheit heißt nicht nur an Alternativtexte für Grafiken zu denken, die Zugangswege oder die Navigation der Webseite müssen benutzbar gemacht werden. Barrierefreie Webangebote müssen als Konzept aufgefasst werden, welches das gesamte Informations- und Kommunikationssystem zugänglicher gestalten lässt.[2]

2.1 Usability (Gebrauchstauglichkeit)

Der Begriff „Usability" kommt aus dem Gebiet der Mensch-Computer-Interaktion und hat sich inzwischen in der deutschen Literatur etabliert. Er setzt sich zusammen aus „use" (benutzen) und „ability" (Fähigkeit) und wird daher auch mit Gebrauchstauglichkeit oder Benutzbarkeit umschrieben.[3]

Usability lehnt sich an über Jahre gesammelte wissenschaftliche Erkenntnisse und wurde wesentlich von den Entwicklungen im Bereich der Software-Ergonomie beeinflusst.

Die Internationale Organisation für Standards (ISO) hat mit der ISO 9241 (Ergonomie der Mensch-System-Interaktion) einen Standard entworfen, der gesundheitliche Schäden beim Arbeiten am Bildschirm vermeiden und dem Anwender die Abwicklung seiner Aufgaben vereinfachen soll.[4] Dieses Normenpaket besteht aus mehreren Teilen, welche regelmäßig überarbeitet und ergänzt werden. Die bekanntesten und für den Einfluss auf Barrierefreiheit wesentlichen Teile der ISO 9241 sind die «Anforderungen an die Gebrauchstauglichkeit» (Teil 11) und die «Grundsätze der Dialogsteuerung» (Teil 110), welche in den folgenden Abschnitten genauer betrachtet werden. Weitere Teile der ISO 9241, welche an dieser Stelle nicht näher erläutert werden, aber auch für die Barrierefreiheit von Webinhalten von Bedeutung sind, wären:

- ISO 9241-20 "Leitlinien für die Barrierefreiheit von Informations- und Kommu-

---

2 vgl. [HellZu]
3 vgl. [MüAU08]
4 vgl. [Aren08], S.26

nikationstechnik und Dienstleistungen",

- ISO 9241-151 "Leitlinien zur Gestaltung von Benutzungsschnittstellen für das World Wide Web",
- ISO 9241-171 "Leitlinien für die Zugänglichkeit von Software".[5]

2.1.1 Anforderungen an die Gebrauchstauglichkeit

In der DIN EN ISO 9241 (Teil 11) wird Gebrauchstauglichkeit von Software als:

„... das Ausmaß, in dem ein Produkt durch bestimmte Benutzer in einem bestimmten Nutzungskontext genutzt werden kann, um bestimmte Ziele effektiv, effizient und zufrieden stellend zu erreichen"[6],

definiert.

Ob die Interaktion zwischen dem technischen System (Website) und dem Anwender reibungslos funktioniert, hängt demnach von der Usability ab. Die Usability ist um so höher, je einfacher und schneller ein Benutzer den zielgerichteten Gebrauch einer Webseite erlernen und anwenden kann. Das bedeutet, dass an die Usability immer von einer zweckbezogenen Betrachtungsweise herangegangen werden sollte. Hinter den drei Elementen Effizienz, Effektivität und Zufriedenheit verbirgt sich eine Vielzahl unterschiedlicher Anforderungen, die jeweils kontext- und zielgruppenorientiert optimiert werden sollten. Letzten Endes liegen der Benutzerfreundlichkeit verhaltensorientierte Konstrukte und Zusammenhänge zugrunde.[7]

Eine Website ist oft ein komplexes Gebilde, deren Seiten einen unterschiedlichen Inhalt und eine vielseitige Gestaltung aufweisen und die auf vielfältige Weise kombiniert werden können. Diesbezüglich sollten die drei Dimensionen einer Webseite,

- Der Content – der gesamte Inhalt einer Site,
- Das Design – die visuelle Gestaltung,
- Die Struktur – Aufbau der einzelnen Seiten in ihrer Gesamtheit,

auf ihre unterschiedlichen Anforderungen, betreffend ihrer Usability, überprüft werden.

---
5 vgl. [syco09]
6 [Inte98], S.4
7 vgl. [BeGi02], S.2

Die folgende Matrix, in der jedes Kästchen auf seine Bedeutung zur Usability zu untersuchen ist, lässt sich daraus ableiten.[8]

	Content	Design	Struktur
Effektivität	x	x	x
Effizienz	x	x	x
Zufriedenheit	x	x	x

Tabelle 1: Usability – Matrix

2.1.2 Grundsätze der Dialoggestaltung

Ständig stehen Benutzer im Dialog mit der Technik, sei es mit dem Computer, dem Handy oder mit Automaten. Dabei werden Fragen gestellt (Wollen Sie die Datei speichern?), Antwortmöglichkeiten vorgegeben (Ja oder Nein?) aber auch Dialoge geführt, die schnell verunsichern und verwirren können (Um diese Version des Objekts unter einem anderen zu speichern, klicken Sie auf 'Nein'.).

Für den Umgang mit Menschen sind für diese interaktiven Systeme in der ISO 9241-110 sieben Dialoggrundsätze verfasst worden:

- Aufgabenangemessenheit,

    Der Benutzer muss dabei unterstützt werden, seine Ziele vollständig, fehlerfrei und mit einem angemessenen Aufwand zu erfüllen.

- Selbstbeschreibungsfähigkeit,

    Zu jeder Zeit muss der Benutzer wissen, an welcher Stelle er sich im Dialog befindet, auf welchem Weg er dort hingekommen ist und wie er von dort wieder weg gelangt. Er sollte verstehen, welche Informationen die Webseite vermittelt und wohin er gehen muss, um seine Ziele zu erreichen.

- Erwartungskonformität,

    Der Dialog ist erwartungskonform, wenn er der Sprache und den Merkmalen des Benutzers entspricht. Dies kann durch Einhaltung von Konventionen erreicht werden.

---
8 vgl. [BeGi02], S.5

- Fehlertoleranz,

   Trotz fehlerhafter Eingaben sollte der Benutzer sein Ziel erreichen.

- Steuerbarkeit,

   Der Benutzer sollte Möglichkeiten der Einflussnahme auf das interaktive System haben.

- Individualisierbarkeit,

   Ein interaktives System muss an die individuellen Bedürfnisse des Benutzers anpassbar sein.

- Lernförderlichkeit.

   Site-Maps oder Online-Touren sind Mittel, um Benutzer den Umgang mit dem interaktiven System zu ermöglichen oder auch, um ihn zu ermutigen.[9]

Diese Grundsätze dienen auch als Grundlage für die Bewertung und Gestaltung von Webseiten. Sie dienen dazu, Anwender vor Nutzungsproblemen, wie irreführende Informationen, unerwarteten Antworten oder Einschränkungen in der Navigation, zu schützen.

2.1.3 Web - Konventionen

Als Gestalter von Webseiten muss man sich mit Konventionen für die Nutzung auseinandersetzen, die sich auf die Gebrauchstauglichkeit oder auch Bedienbarkeit einer Webseite beziehen.

Meiert definiert Konvention folgendermaßen:

„Eine Konvention ist eine nicht formal festgeschriebene Regel, die von einer Gruppe von Menschen aufgrund eines Konsens eingehalten wird."[10]

Entwickelt haben sich diese Konventionen aus der Erfahrung und der Forschung, aber auch aus Bereichen, wie dem Print- oder Interface-Design. Orientiert man sich an Konventionen, kann es passieren, dass Webseiten gleich oder ähnlich aufgebaut sind, jedoch

---

9 vgl. [Hofm08], S.42
10 [Meie06]

werden sie dadurch auch benutzerfreundlich und leicht bedienbar. Einige Konventionen sind hier beispielhaft aufgeführt:

- Im oberen Bereich einer jeden Webseite wird von Besuchern ein Link zur Startseite erwartet,
- Am Seitenende erwarten Besucher Informationen vom Anbieter,
- Links werden durch Unterstreichung oder farblich hervorgehoben,
- Ein aktives Formularelement wird optisch hervorgehoben.[11]

Die Bedeutung von Usability-Konventionen steigt, da sie Designer und Entwickler bei Entscheidungen unterstützen und Benutzern durch die Erfüllung ihrer Erwartungen helfen.

2.1.4 Usability für Menschen mit Leseschwäche

Menschen mit Leseschwäche offenbaren ein anderes Leseverhalten als Menschen mit normaler Lese- und Schreibfähigkeit. Leseschwache Menschen verstehen den Text nicht auf einen Blick, sondern lesen ihn langsamer Wort für Wort durch. Dabei neigen sie oft dazu, dichte und schwierige Texte und dadurch auch wichtige Informationen zu überspringen.

Laut einer Untersuchung zur Lese- und Schreibfähigkeit sind ca. 48% der Bevölkerung in entwickelten Ländern, ausgenommen Skandinavien, leseschwach. Da leseschwache Menschen das Internet eher meiden, wird davon ausgegangen, dass ca. 30% der Web-Benutzer eine Leseschwäche haben.[12]

Erfahrungswerte zeigen, dass durch bessere Usability für Menschen mit Behinderung auch die Usability für Menschen ohne Behinderung angehoben wird. Genauso werden Websites für leseschwache Benutzer auch lesestarken Benutzern helfen. Natürlich gibt es eine Vielzahl an wissenschaftlichen und intellektuellen Angeboten, die auf lesestarke Benutzer abzielen, indes aber Behörden- und Gesundheits-Websites hauptsächlich lese-

---

11 vgl. [Hoff08], S.45
12 vgl. [Niel05]

schwache Benutzer berücksichtigen sollten.

Die wichtigsten Empfehlungen für bessere Usability sind:
- den Text so einfach wie möglich zu gestalten (6.-8.Schuljahr),
- Kernaussagen im oberen Teil platzieren,
- wenn möglich auf das Scrollen verzichten,
- Animationen und ausklappbare Menüs vermeiden,
- die Seitengestaltung rationalisieren – eine Hauptspalte,
- die Navigation vereinfachen – lineares Menü,
- die Suche optimieren – mit Wortvorschlägen.[13]

In einer Fallstudie von Jakob Nielsen wurden Website-Inhalte gemäß den Usability-Richtlinien umgeschrieben und die Erfolgsrate (ob die Aufgaben gelöst werden konnten), die Gesamtzeit (zum Lösen von 7 repräsentativen Aufgaben) und die subjektive Zufriedenheit von leseschwachen und lesestarken Benutzern getestet.

Erfolgsrate	**Original-Site**	**Vereinfachte Site**
Leseschwache Benutzer	46,00%	82,00%
Lesestarke Benutzer	68,00%	93,00%
Gesamtzeit	**Original-Site**	**Vereinfachte Site**
Leseschwache Benutzer	22,3min	9,5min
Lesestarke Benutzer	14,3min	5,1min
Zufriedenheit (Skala 1-5; 5 am besten)	**Original-Site**	**Vereinfachte Site**
Leseschwache Benutzer	3,5	4,4
Lesestarke Benutzer	3,7	4,8

Tabelle 2: Usability-Fallstudie von leseschwachen und lesestarken Benutzern

---

13 vgl. [Niel05]

Bei allen drei Messwerten hatte die vereinfachte Site nicht nur für leseschwache sondern auch für lesestarke Benutzer eine bessere Usability, da Benutzer die einfacheren und direkten Informationen, den komplexeren vorziehen.[14]

2.1.5 Fazit

Viele Webangebote laufen darauf hinaus, die Usability für die Mehrheit der Anwender zu vermindern, da die Grundregeln von gutem Webdesign in Zeiten des Web 2.0 schnell vergessen werden. Um Usability-Mängeln vorzubeugen, sollten für das Informations- und Interaktionsdesign von Webangeboten, Benutzungstests mit potentiellen Benutzern durchgeführt werden, in welchen das Produkt frei oder nach typischen Gesichtspunkten exploriert wird.

Unternehmen sollten sich bewusst sein, dass durch die Steigerung der Usability der Zugang nicht nur für behinderte Nutzer zu Informationen und Dienstleistungen verbessert wird.

2.2 Accessibility (Zugänglichkeit)

Der Ausdruck „Accessibility" setzt sich zusammen aus „access" (Zugang) und „ability" (Fähigkeit) und wird daher mit Zugänglichkeit umschrieben und mit Erreichbarkeit gleichgesetzt.

Im öffentlichen Alltag setzt eine barrierefreie Teilhabe am gesellschaftlichen Leben einen Zugang ohne Barrieren und Beschränkungen für ältere und behinderte Menschen voraus. Für öffentliche Einrichtungen gilt es, Zugänglichkeit für Menschen zu schaffen, die sich nicht frei oder mit Gehhilfen und Rollstühlen fortbewegen können.

Im deutschen Behindertengleichstellungsgesetz wird Barrierefreiheit wie folgt definiert:

> „Barrierefrei sind bauliche und sonstige Anlagen, Verkehrsmittel, technische Gebrauchsgegenstände, Systeme der Informationsverarbeitung, akustische und visuelle Informationsquellen und Kommunikationseinrichtungen sowie andere gestaltete Lebensbereiche, wenn sie für behinderte Menschen in der allgemein üblichen Weise, ohne besondere Erschwernis und grundsätzlich ohne fremde Hilfe zugänglich und nutzbar sind."[15]

---

14 vgl. [Niel05]
15 [Bund02]

Die Lebensbedingungen von behinderten, chronisch kranken und älteren Menschen müssen ermöglichen, ein selbstbestimmtes Leben zu führen, Kontakte zu pflegen und an der Gesellschaft teilzuhaben.

Tabelle 3 zeigt eine Übersicht einer Studie von 2007 von Benutzergruppen, welche Probleme mit Informations- und Kommunikationstechniken haben.[16]

Benutzergruppen	Anzahl in Millionen
Rollstuhlfahrer	2
Kann ohne Hilfsmittel nicht gehen	25
Kann die Finger nicht benutzen	0,5
Kann einen Arm nicht benutzen	0,5
Verminderte Kraft	14
Verminderte Koordination	7
Sprachgeschädigte Menschen (speech)	1,25
Beeinträchtigung der Redeweise (language)	3
Legastheniker	5
Geistig Behinderte	15
Taube Menschen	0,5
Schwerhörige Menschen	30
Blinde Menschen	2
sehbehinderte Menschen	7,5

Tabelle 3: ausgewählte Benutzergruppen in Europa

2.2.1 Web - Accessibility

Hinter der Wortmarke Web-Accessibility finden wir das Thema Barrierefreiheit behinderter Menschen im Web. Hierbei geht es darum, das WWW möglichst vielen Menschen an jedem Ort zugänglich zu machen, sowohl für Menschen mit einer Sinnesbehinderung als auch für Menschen mit einer körperlichen Behinderung. Web-Accessibility bedeutet demnach: "..., Webseiten so zu gestalten, dass sie von jedermann gelesen und bedient werden können."[17]

Die Notwendigkeit von Accessibility beim Design von Webseiten besteht darin, dass 8 Prozent aller Surfer eine Behinderung haben und 20 Prozent eine Einschränkung. Welt-

---

16 vgl. [tire09]
17 vgl. [Neum07], S.23

weit geht die Weltgesundheitsorganisation von 750 Millionen Betroffenen aus.[18]

Eine Umfrage der Aktion „Internet ohne Barrieren" hat die Bedeutung des Internets für Menschen mit Behinderung bestätigt (Tabelle 4).

> „Menschen mit Behinderung nutzen das Internet weit häufiger als Nichtbehinderte. 93 Prozent der behinderten »Internetkenner« sehen im Internet »viele neue Chancen« für sich."[19]

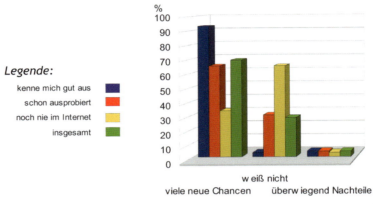

Tabelle 4: Umfrageergebnis - Internet als Chance

Fast die Hälfte der Umfrage-Teilnehmer haben technische Barrieren bei der Nutzung von Web-Angeboten angegeben, obwohl doch Menschen mit Behinderung häufiger im Netz sind als Menschen ohne Behinderung (Tabelle 5).

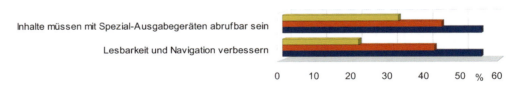

Tabelle 5: Umfrageergebnis - Probleme bei der Nutzung des Internet

---

18 vgl. [Hegn05], S.18
19 [Schm02]

Die Umfrage hat auch gezeigt, dass fast 70 Prozent der Menschen mit einer geistigen Behinderung noch nicht im Internet waren, während 50 Prozent der Menschen mit Sehschädigungen sich gut im Internet zurechtfinden (Tabelle 6).

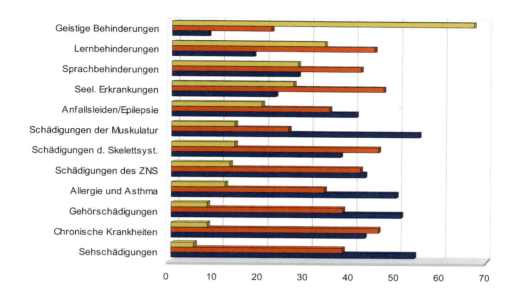

Tabelle 6: Umfrageergebnis - Behinderungsformen

Kommende Richtlinien sollten die verschiedenen Bedürfnisse der Menschen mit Behinderungen nach Art und Alter trennen, um zu verhindern, dass beispielsweise junge Menschen mit geistiger Behinderung als Objekte staatlicher Fürsorge zurückbleiben.[20]

2.2.2 Accessibility contra Usability

Nicht vergleichen darf man Zugänglichkeit mit Benutzerfreundlichkeit, da die klassische Usability nicht die Accessibility berücksichtigt, sondern nur die Menschen, die nicht in ihren Fähigkeiten eingeschränkt sind. Beispiele von Erfolgen guter Usability, wie DropDown-Menüs mit Javascript oder Farbkontraste zur Benutzerführung können in Bezug auf Zugänglichkeit ein Fiasko sein.

Auch muss die Zugänglichkeit nicht zu mehr Usability führen. Es gibt Fälle von zugänglichen Internetseiten, welche für Screenreader zwar lesbare, aber sinnfreie Alterna-

---

20 vgl. [Schm02]

tivtexte bereitstellen. Andere Beispiele, welche nicht für Usability sprechen, sind ins Leere führende Links beim Einsatz von für die Navigation hilfreichen Tastaturkürzeln oder die unbewusste Nutzung von Textzoom oder Styleswitchern.

Entwickler barrierefreier Informationstechnik haben sich zur Aufgabe gemacht, den Zugang zu Informationen und Technik für Menschen mit unterschiedlichen Voraussetzungen, sowohl aus technischer (Betriebssystem, Browser, assistive Technologien) als auch aus inhaltlichen Sicht (Benutzerfreundlichkeit, Verständlichkeit), zu erleichtern.[21]

2.2.3 Rechtliche Rahmenbedingungen des barrierefreien Webdesigns

Das Bemühen, Menschen mit Behinderung den Zugang zum Computer zu ermöglichen, ist älter als das Internet. Bereits 1982 hat die UNO dazu ein Programm verabschiedet und IBM, Microsoft und SUN haben Pionierarbeit geleistet.

Mit der Gründung des W3C stand dann 1994 ein Gremium zur Verfügung, welches sich die Erarbeitung von Richtlinien, auch für barrierearme Webangebote, zur Aufgabe machte.

Mit den Web Content Accessibility Guidelines (WCAG 1.0) hat die Web Accessibility Initiative (WAI - eine Initiative des W3C) im Mai 1999 Standards für zugängliches Webdesign veröffentlicht, welche Anforderungen an die Struktur, das Layout und die Technologie stellt. Diese Richtlinie wurde 2002 Grundlage für die nach dem deutschen Bundesgesetz zur Gleichstellung behinderter Menschen erarbeiteten BITV, die sich vor allem an Einrichtungen des öffentlichen Rechts richtet.[22]

Nach einer langen Schaffensphase der WAI ist im Dezember 2008 die zweite Version der WCAG verabschiedet worden, welche nun auch Möglichkeiten des barrierefreien Einsatzes von Flash und Javascript vorsieht (Siehe Kapitel 5.1.13).

---

21 vgl. [Mors04]
22 vgl. [RaCh06], S.37

3 Berücksichtigung der Arten von Behinderungen

Das Statistische Bundesamt teilte 2005 mit, dass 8,6 Millionen Menschen in Deutschland mit einer anerkannten Behinderung leben. Das entspricht ungefähr 10 Prozent der Bevölkerung.[23] In seiner Gesundheitsberichterstattung aus dem Jahre 2006 definiert das Statistische Bundesamt folgendes:

> „Von einer Behinderung wird gesprochen, wenn bei Menschen die körperliche Funktion, die geistige Fähigkeit oder die seelische Gesundheit mit hoher Wahrscheinlichkeit länger als sechs Monate von dem für das Lebensalter typischen Zustand abweicht und daher die Teilhabe am Leben in der Gesellschaft beeinträchtigt ist."[24]

Dieses Kapitel soll zeigen, welche Arten von Behinderungen auftreten können und welchen Einfluss sie auf die Betroffenen haben.

3.1 Sehbehinderungen

Weltweit gibt es 161 Millionen Menschen die sehbehindert und 37 Millionen davon, die blind sind.[25] In Deutschland gibt es, laut dem Deutschen Blinden- und Sehbehindertenverband (DBSV) zirka 145.000 Blinde und 500.000 sehbehinderte Menschen.[26]

Unter dem Oberbegriff „Sehschädigung" werden in Deutschland drei Schweregrade unterschieden, die sich nach dem Lichtsinn, dem Farbsinn, Bewegungsstörungen der Augen aber vor allem nach der Sehschärfe (Visus) richten:

- eine **Sehbehinderung** liegt vor, wenn trotz Hilfsmittel ein Visus von 1/3 – 1/20 vorliegt (1/3 bedeutet, dass ein Sehgeschädigter ein Zeichen erst aus einem Meter erkennen kann, welches ein Normalsichtiger aus drei Metern erkennt),

- eine **hochgradige Sehbehinderung** liegt vor, wenn trotz Hilfsmittel ein Visus von 1/20 – 1/50 vorliegt,

- **Blindheit** liegt vor, wenn die Person ein Visus von 1/50.[27]

---

23 vgl. [VdK08]
24 [Gesu06], S.61
25 vgl. [Scie04]
26 vgl. [Walt05], S.89
27 vgl. [Tinn07], S.6

Aufgrund demographischer Aspekte und der Erkenntnis, dass Sehschädigungen im Alter zunehmen, ist zu erwarten, dass der Anteil der Personen mit Sehbehinderungen zunehmen wird.

Angefangen von Farbfehlsichtigkeit über Sehschwäche bis hin zur vollkommenen Blindheit gibt es eine Vielzahl an Typen von Sehbehinderungen. Im Folgenden wird auf die häufigsten Typen von Sehschädigungen eingegangen.

Kurz-, Weit- und Alterssichtigkeit

Diese drei Arten von Fehlsichtigkeit sind weltweit am stärksten verbreitet. In der Regel können sie durch Kontaktlinsen oder durch Brillen korrigiert werden aber eine Fehlsichtigkeit muss erst einmal bemerkt werden.

Abbildung 1: Kurz-, Weit- und Alterssichtigkeit

Designmöglichkeit: Die Standardschriftgröße, Symbole und Abbildungen sollten nicht zu klein gewählt werden.[28]

Farbsinnstörungen

In Deutschland leben etwa 3,2 Millionen Farbfehlsichtige. In West-Europa, in den USA sowie in Japan sind es insgesamt 32 Millionen farbfehlsichtige Menschen.

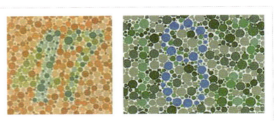

Abbildung 2: Farbfehlsichtigkeit (Farbfehlsichtige sehen links eine 17 und rechts eine 8)

Bei dieser Gruppe von Menschen ist die Farbwahrnehmung wegen fehlender oder beschädigter Zapfen (neben den Stäbchen gehören die Zapfen zu den Sehzellen) beeinträchtigt. Dabei wird zwischen der totalen und der partiellen Farbenblindheit unterschieden. Personen mit totaler Farbenblindheit nehmen ihre Umgebung nur in Grauabstufungen wahr und Personen mit partieller Farbenblindheit können die Farben

---

28 vgl. [Meie08]

Rot, Grün oder Blau nicht unterscheiden. Farbsinnstörungen lassen sich nicht durch Brillen oder medizinische Eingriffe beheben. Spezielle Hilfsmittel, wie Farberkennungsgeräte oder Speziallinsen können aber im Alltag eine Hilfe leisten.[29]

Bei Webangeboten sollte darauf geachtet werden, dass komplementäre Farbkombinationen bzw. Kombinationen, die bei farbfehlsichtigen Menschen zu Problemen führen, umgangen werden.[30]

Lichtempfindlichkeit

Auch skotopische Empfindlichkeit genannt, ist das diagnostizierte Problem der Lichtempfindlichkeit, das vor allem bei schwarzem Text auf weißem Hintergrund eine Rolle spielt. Die Seite wird dann als zu hell oder zu grell wahrgenommen, die Buchstaben scheinen sich zu bewegen oder zu verschwimmen und Konturen oder „Flüsse“ erscheinen im Text („river of white space“).[31]

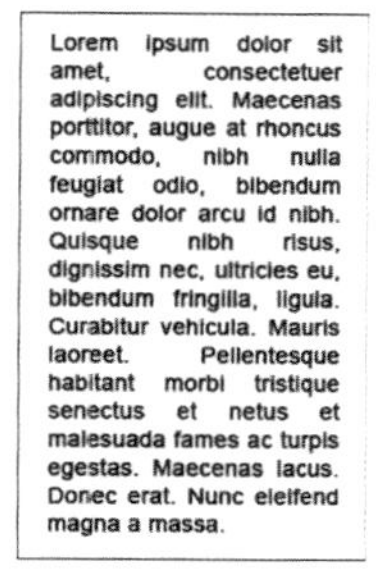
Lorem ipsum dolor sit amet, consectetuer adipiscing elit. Maecenas porttitor, augue at rhoncus commodo, nibh nulla feugiat odio, bibendum ornare dolor arcu id nibh. Quisque nibh risus, dignissim nec, ultricies eu, bibendum fringilla, ligula. Curabitur vehicula. Mauris laoreet. Pellentesque habitant morbi tristique senectus et netus et malesuada fames ac turpis egestas. Maecenas lacus. Donec erat. Nunc eleifend magna a massa.

Abbildung 3: rivers of white space

Designmöglichkeit: Farbkombinationen, die blendungsempfindliche Besucher stören, sollten vermieden werden.[32]

Photosensitive Epilepsie

Lichtreize mit großem Kontrast und einer bestimmten Frequenz können der Auslöser für einen epileptischen Anfall sein. Diese Art von Epilepsie kann bei Flackern in einem Frequenzspektrum von 3 bis 60Hz hervorgerufen werden.[33]

Designmöglichkeit: Umgehen Sie möglichst flimmernde Flächen.

29 vgl. [Tinn07], S.12
30 vgl. [Meie08]
31 vgl. [HaPa08]
32 vgl. [Gerl]
33 vgl. [MeNe]

Retinitis Pigmentosa

Weltweit leiden ungefähr drei Millionen Menschen unter Retinitis Pigmentosa, darunter 10.000 in Deutschland. Aufgrund des Absterbens von Netzhautzellen schwindet die Sehfähigkeit stetig bis zur Erblindung.[34]

Abbildung 4: Retinitis Pigmentosa

Designmöglichkeiten: Seitenbereiche sollten klar abgegrenzt und kontrastreich sein.

3.2 Hörbehinderungen

In Deutschland gehören zirka 80.000 Menschen der Gruppe der Gehörlosen und 1,5 Millionen Menschen der Gruppe der Schwerhörigen an.[35] Weltweit wird davon ausgegangen, dass 0,3% der Bevölkerung von Hörbehinderungen betroffen sind.

Im Allgemeinen wird Menschen mit Hörbehinderung unterstellt, dass sie bei der Verwendung des Internets keine Probleme hätten. Dies ist jedoch ein großer Irrtum. Für Gehörlose ist die Gebärdensprache die Muttersprache. Der überwiegende Teil der Gehörlosen kann Sprache nicht in dem Umfang lernen wie hörende Menschen. Das bezieht sich auch auf die schriftliche Kommunikation, folglich das Lesen und Schreiben.[36] Mit einem Schreibpotential von hörenden Dritt- oder Viertklässlern, also praktisch als Analphabeten, verlassen ca. 80 Prozent der Gehörlosen ihre Gehörlosenschule. Aufgrund dieser Kommunikationsbarrieren sind gehörlose sowie hörbehinderte Menschen mit ihrer unausgebildeten schrift- und lautsprachlichen Kompetenz vom Teilnehmen an der Informationsgesellschaft ausgeschlossen.[37]

Die Barrierefreie Informationstechnik-Verordnung (BITV) soll für den Abbau von Barrieren für Menschen mit Behinderungen sorgen. Für Hörbehinderte fordert sie vor allem, akustische in optische Signale umzuwandeln, wie etwa Untertitel-Spuren in vertonten Videofilmen. Handlungsbedarf der BITV besteht jedoch bei durch Informationstechnik gestalteten graphischen Programmoberflächen, da diese nach wie vor kommunikati-

---

34 vgl. [DZKF]
35 vgl. [Linn03]
36 vgl. [Jend06], S.76
37 vgl. [Linn03]

ve Barrieren für Menschen mit Hörbehinderung bergen. Nur vereinzelt werden komplexe Texte in die Gebärdensprache übersetzt, was daran liegt, dass die BITV in Bezug auf sprachliche Gesichtspunkte zu wenig konkrete Empfehlungen gibt. Es wird zwar gefordert, dass die einfachste und verständlichste Sprache für die allgemeine Verständlichkeit der Inhalte verwendet werden muss, aber für gehörlose Menschen müsste konkret auf die Gebärdensprache verwiesen werden.[38]

Nach dem Behindertengleichstellungsgesetz, welches die deutsche Gebärdensprache als eigenständige Sprache anerkennt und im §4 darauf verweist, dass „akustische und visuelle Informationsquellen und Kommunikationseinrichtungen ... in der allgemein üblichen Weise ... zugänglich und nutzbar"[39] sein sollen, müsste die Gebärdensprache bei Webangeboten mit einbezogen werden. Die Praxis zeigt aber, dass das berechtigte Interesse von Menschen mit Hörbehinderungen an Informationen in Gebärdensprache nicht beachtet wird. Gehörlose und schwerhörige Menschen können in Folge von für sie nicht zugänglichen behördlichen Informationen, Ansprüche nicht geltend machen, Formulare nicht richtig ausfüllen oder Fristen nicht einhalten.

Als einer von wenigen Anbietern hat das Bundesministerium für Gesundheit in seinen Webangeboten eine Palette von Informationen in Gebärdensprache. Bei einer Umfrage haben 90% der Nutzer dieser Site angegeben, dass sie durch diese Gebärdensprachvideos die Inhalte besser verstehen konnten.

Behörden sollten darüber informiert werden, dass nur durch die Bereitstellung von Informationen in Gebärdensprache der Gruppe der gehörlosen und hörgeschädigten Menschen geholfen werden kann und wie dies in der Praxis umzusetzen ist.[40]

3.3 Kognitive, Lern- und Sprachbehinderungen

Weltweit zählen Menschen mit kognitiven Behinderungen zur größten Gruppe von Menschen mit Behinderungen. In die Kategorie der kognitiven und der Lern- und Sprachbehinderungen zählen Beeinträchtigungen der Intelligenz, des Denkens oder des Gedächtnisses sowie Lernbehinderungen im Bereich der gesprochenen und geschriebenen Sprache.

---
38 vgl. [DGBu04]
39 [Bund02]
40 vgl. [DGBu04]

Unter Webentwicklern gelten kognitive Behinderungen als die am wenigsten verstandenen Behinderungen. Dies führt dazu, dass die Inhalte für Menschen mit kognitiven Behinderungen meist nicht zugänglich sind. Auch hat die Wissenschaft bisher noch keine hinreichenden Empfehlungen ausgesprochen. Ansätze von Empfehlungen stützen sich auf der Verknüpfung aus Forschung, bestmöglicher Vorgehensweise und durchdachten Annahmen.[41]

Muster oder Problemfelder von Menschen mit kognitiven Behinderungen sind:

- die Wahrnehmung und die Verarbeitung,

    Visuelle und auditive Informationen müssen wahrgenommen und erkannt werden. Entwickler sollten hier auf eine einfache Sprache achten, Bilder sollten durch Texte ergänzt werden, die Möglichkeit der Schriftvergrößerung sollte gegeben sein und genügend Kontrast und Leerraum sollte vorhanden sein.

- das Gedächtnis,

    Um so relevanter der Inhalt die Bedürfnisse des Nutzers anspricht, desto wahrscheinlicher merkt er sich diese. Manche Nutzer haben auch Probleme sich den Weg zu bestimmten Inhalten zu merken. Bei diesen Gedächtnisproblemen sollten Entwickler darauf achten, dass die Navigation innerhalb der gesamten Site und über die gesamte Zeit erreichbar ist. Für diese Fälle ist es auch sinnvoll sogenannte Brotkrümelnavigationen (Breadcrumbs) einzusetzen sowie Hypertextlinks blau und unterstrichen zu kennzeichnen.

- die Problemlösung,

    Manche Menschen mit kognitiven Behinderungen sind nicht sehr belastbar, wenn es darum geht, auftretende Probleme zu lösen. Webdesigner sollten Mechanismen bieten, um Fragen zu beantworten sowie Formulare und Links regelmäßig auf ihre Funktionalität prüfen.

- die Aufmerksamkeit.

    Viele Menschen können ihre Aufmerksamkeit nicht auf die eigentliche Aufgabe richten. Besonders irritierend können dabei sich bewegender Text sowie blinkende Symbole sein. Für diese Gruppe sollte auf gute Designprinzipien geachtet so-

---

41 vgl. [Bohm04]

wie die Notwendigkeit des Einsatzes animierter Elemente geprüft werden.[42]

Weitere Probleme für Menschen mit kognitiven Behinderungen sind lange und umständlich formulierte Texte sowie komplexe Navigationen. Daher sollten Webseiten in leichter Sprache verfasst werden. Merkmale dieser leichten Sprache sind kurze Sätze, die nur eine Aussage enthalten, einfache mit Bildern versehene Textgestaltung sowie das Meiden von zusammenhanglosen Begriffen, Fach- und Fremdwörtern.[43]

3.4 Körperliche Einschränkungen

Zur Kategorie der körperlichen Einschränkungen zählen die Lähmung, Störungen der Steuerung und der Koordination von Bewegungsabläufen, fehlgebildete oder fehlende Glieder und Minderwuchs. Diese Menschen können Tastatur oder Maus nur eingeschränkt oder überhaupt nicht nutzen. Hier sollten Webentwickler darauf achten, dass klickbare Felder, die mit Mausersatz- oder Augensteuerungssystemen bedient werden, nicht zu klein ausfallen, d.h. keine Hürde darstellen.[44]

OneTap ist beispielsweise ein Hilfsmittel, welches Nutzern über eine einzige Taste die komplette Steuerung des Computers ermöglicht. Über ein Scanningverfahren wird ein Steuern der Bildschirmtastatur und der virtuellen Maus genutzt. In Verbindung mit dem eyeCommander (Augensteuerungssystem), kann OneTap nur mit den Augen bedient werden.[45]

---

42 vgl. [Rowl04]
43 vgl. [Jend06], S.79
44 vgl. [Jend06], S.81
45 vgl. [Micr]

4 Assistive Technologien

Für Menschen mit Behinderungen werden unter dem Terminus „Assistive Technologien" eine Reihe von Hilfsmitteln angeboten. Im Allgemeinen geht es bei Assistiven Technologien darum, funktionelle Einschränkungen auszugleichen, die durch Behinderungen zustande kommen.

> „Assistive technologies include any item, piece of equipment, or product system, whether acquired commercially off the shelf, modified or customized, that is used to increase, maintain or improve the functional capabilities of individuals with disabilities"[46]

Diese assistiven Technologien tragen zur „... Chancengleichheit Behinderter bei, indem sie die behinderungsbedingten Beeinträchtigungen partiell kompensieren".[47] Sie schaffen die Grundlage für den Berufseinstieg, wirken entlastend, ermöglichen effektivere Arbeitsergebnisse und leisten einen enormen Beitrag zur Unabhängigkeit von Menschen mit Behinderungen. Nachteilig wirkt hingegen, dass die Anschaffungskosten von Assistiven Technologien sehr hoch sind und die Komplexität so manchen Nutzer überfordert.

Der Einsatz von Assistiven Technologien bedeutet für Webentwickler unter anderem darauf zu achten, dass Computer-Nutzer die keine Maus zur Verfügung haben oder nicht bedienen können, nicht sehr weit kommen werden, wenn eine Webseite mit der Tastatur nicht bedient werden kann. Analog gilt es für das Lesen von Informationen. Hierbei sollte an Nutzer gedacht werden, die alternativ zum Monitor, mit dem Drucker, dem Sound, mit kleinen Displays oder mit der Braille Zeile arbeiten.[48]

4.1 Screenreader

Eine Vorlesesoftware oder auch Screenreader gibt die auf dem Bildschirm dargestellten Informationen per Sprachausgabe über die Soundkarte und Lautsprecher des Computers aus. Außerdem ist es mit Screenreadern möglich, Zustände von Objekten zu prüfen und durch Anwendungen zu navigieren.

---

46 [MoSi89]
47 vgl. [Tinn07], S.28.
48 vgl. [Hell]

Der einfache Text, ist das Medium, das im Web jedem Benutzerprogramm zugänglich ist. Für alle anderen Medien, wie Bilder, Flashobjekte, Ascii-Zeichnungen, Java-Applets, Scripts sowie Audio- und Videodateien muss ein Text-Äquivalent bereit gestellt werden, um über die Brückensoftware Screenreader an die Inhalte zu gelangen. Darüber hinaus ist es wichtig, Tabellen, Überschriften, Listen und andere inhaltliche Strukturen korrekt und Navigationselemente übersichtlich und schlüssig auszuzeichnen.[49] Bezeichnungen von Formularfeldern müssen eindeutig den Formularfeldern im Code zugeordnet sein und mittels Tab-Taste muss der Nutzer innerhalb der Formularfelder springen können. Tabellen sollten keinesfalls zu komplex gestaltet und ihre Spalten- sowie Datenzellen müssen als solche gekennzeichnet werden. Ebenfalls müssen Webentwickler Abkürzungen im Quellcode ihren vollen Wortlaut zuordnen und fremdsprachliche Worte als solche kennzeichnen.[50]

Als führendes Produkt in diesem Segment, mit einem Marktanteil von ca. 73% gilt der Screen Reader „JAWS" von Freedom Scientific. Ein Vorteil von JAWS ist, dass in relativ kurzen Zeitabständen der Hersteller das Produkt an den aktuellen Stand der Technik anpasst und das Produkt speziell auf die Nutzung des Internets ausgerichtet ist. JAWS ist vom Document Objekt Modell (DOM) des Browsers abhängig, um Funktionen innerhalb einer Webseite anbieten zu können. Ist eine Webseite geladen, meldet JAWS die Anzahl der Links, Frames, Überschriften und Formulare.

Weitere sehr geläufige Screenreader sind Windows Eyes, NVDA und ZoomText, welche auch alle den ARIA Standard unterstützen der in Kapitel 5.2.4 vorgestellt wird.[51]

4.1.1 Zugänglichkeit für Screenreader

Webentwickler haben es, was das Zusammenspiel von Usability und Screenreader angeht nicht einfach, da die richtigen Studien und der direkte Kontakt zu blinden Menschen fehlt. Die Accessibility Organisation WebAIM (Web Accessibility in Mind) hat hierzu im Januar 2009 eine Umfrage mit 1121 Screenreader-Nutzern durchgeführt, welche Schwierigkeiten und Vorlieben in der Internetnutzung vorgebracht hat. Eine Auswahl der Ergebnisse, die für Webentwickler grundlegende Kriterien beinhaltet, ist hier

---

49 vgl. [Jend06], S.75
50 vgl. [Kais08]
51 vgl. [Weis04], S.47

zusammengefasst.

Zu Beginn der Umfrage wurden die Teilnehmer nach ihrer Behinderung gefragt. Mit 80,1 Prozent waren dabei blinde Menschen in der Mehrheit, gefolgt von Menschen mit verringerter Sehkraft und Menschen mit kognitiven Behinderungen.[52]

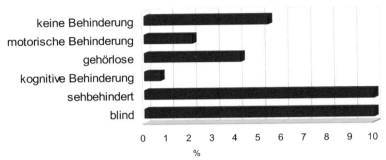

Tabelle 7: Umfrage - Welche Behinderung haben Sie?

Unter den 1121 befragten Personen nutzen 74 Prozent den Screenreader JAWS, 23 Prozent Windows-Eyes und 8 Prozent NVDA.[53]

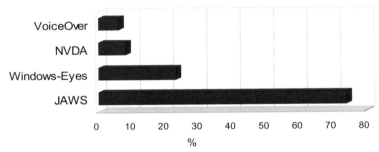

Tabelle 8: Umfrage - Welchen Screenreader benutzen Sie?

Auf die Frage, welcher Browser zusammen mit dem Screenreader genutzt wird, wurde mit 33 Prozent der Internet Explorer 6 und mit 68 Prozent der Internet Explorer 7 genannt.[54]

---

52 vgl. [WebA09]
53 vgl. [WebA09]
54 vgl. [WebA09]

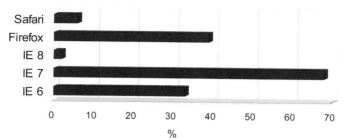
Tabelle 9: Umfrage - Welchen Webbrowser nutzen Sie?

Beim ersten Abruf einer neuen, unbekannten Internetseite lesen sich erst einmal 46 Prozent die Seite durch, 35 Prozent navigieren durch die Seite oder hören sich die Verlinkungen an und 13 Prozent benutzen die Suche.[55]

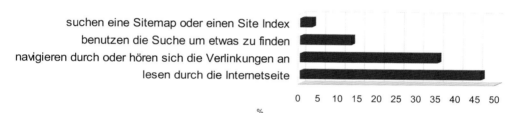
Tabelle 10: Umfrage - Beim Betreten einer neuen Internetseite, bin ich am...

Access Keys nehmen einen immer höher werdenden Stellenwert vor allem für blinde Nutzer ein. In der Umfrage antworteten 22 Prozent der Teilnehmer, dass sie Access Keys immer benutzen würden, wenn sie auf einer Webseite angeboten werden, 16 Prozent benutzen sie oft und 28 Prozent manchmal.[56]

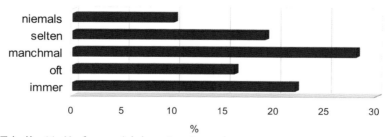
Tabelle 11: Umfrage - Ich benutze Accesskeys...

---

55 vgl. [WebA09]
56 vgl. [WebA09]

Wichtig für eine Webseite ist auch ihre Heading (Überschriften)-Struktur. In der Umfrage sagen 52 Prozent der Befragten, dass sie, wann immer es möglich ist, über Headings navigieren. Nur 2 Prozent dagegen verzichten auf die Navigation über Headings.[57]

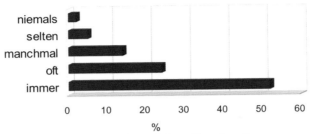

Tabelle 12: Umfrage - Ich navigiere über headings...

Pop-up Fenster bewerten 53 Prozent der befragten Screenreader-Nutzer als etwas bis sehr schwierig und 43 Prozent finden sie nicht sehr bis gar nicht schwierig.[58]

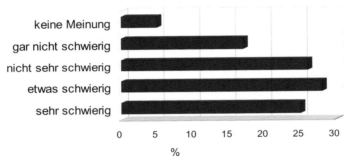

Tabelle 13: Umfrage - Pop-up Fenster sind...

Die Zugänglichkeit von typischen Web 2.0 Anwendungen, bewerten 4 Prozent der Teilnehmer als sehr zugänglich, 24 Prozent als etwas zugänglich, 16 Prozent als nicht sehr zugänglich und 54 Prozent wissen nicht, wie sie Web 2.0 Angebote bewerten sollen.[59]

---

57 vgl. [WebA09]
58 vgl. [WebA09]
59 vgl. [WebA09]

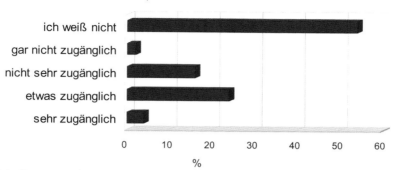
Tabelle 14: Umfrage - Web 2.0 ist...

Flash- Inhalte werden nur von 14,2 Prozent der Befragten als leicht zugänglich eingestuft, wo hingegen 71,5 Prozent behaupten, es sei schwer zugänglich.[60]

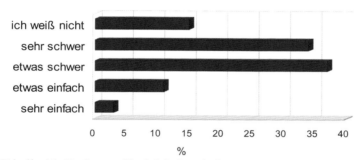
Tabelle 15: Umfrage - Flash Inhalte sind...

Auch das Format PDF, welches im Internet eine sehr hohe Akzeptanz hat, wird nur von 44% als leicht eingestuft und von 48 Prozent als schwer zugänglich.[61]

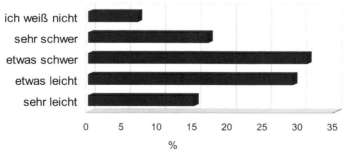
Tabelle 16: Umfrage – Acrobat pdf-Dateien sind...

---

60 vgl. [WebA09]
61 vgl. [WebA09]

Die Ergebnisse der Umfrage zeigen auf, dass es für Webentwickler sehr wichtig sein muss, sich an Zugänglichkeitsrichtlinien und -standards zu halten. Überschriften sind für Nutzer, die mit Screenreader surfen, das wichtigste Navigationsmittel und die Suchfunktion ist elementar. Insbesondere wenn es sich um Web 2.0 Technologien und Formate, wie Flash und PDF handelt, muss ein Umdenken der Entwickler stattfinden.[62]

4.1.2 Accesskeys und Screenreader

Für blinde Menschen sind Accesskeys sehr hilfreich, um eine Internetseite über den Screenreader zu bedienen. Mit Accesskeys hat der Nutzer die Möglichkeit, sich gezielt in einer Website zu bewegen. Von Nutzen sind Accesskeys aber auch nur dann, wenn die Belegung der Accesskeys sinnvoll und einheitlich ist. Es macht keinen Sinn, wenn der Nutzer auf jeder für ihn neuen Website die Accesskeys neu erlernen muss. Die schweizerische Stiftung „Zugang für alle" empfiehlt folgende Belegung der Accesskeys:

- Taste + 0   Startseite,
- Taste + 1   Navigation (mit TAB werden Menüpunkte ausgewählt),
- Taste + 2   Inhalt,
- Taste + 3   Kontakt,
- Taste + 4   Sitemap,
- Taste + 5   Suche,
- Taste + 6-9   individuell (nur wenn sinnvoll).[63]

Die Tastenkombinationen der Accesskeys hängen vom verwendeten Browser und Betriebssystem ab:

- Internet Explorer ab 5 (Windows): Alt + [Accesskey] Enter,
- Mozilla Firefox ab 2 (Windows, Linux): Alt + Shift + [Accesskey],
- Opera 9 (Windows, Mac): Shift + Esc + [Accesskey],
- Internet Explorer (Mac), Safari (Mac), Firefox (Mac): STRG + [Accesskey].

---

62 vgl. [WebA09]
63 vgl. [ACFA]

Viele Hilfsmittel oder auch grafische Browser beinhalten nicht sichtbare und nicht hörbare Accesskeys, die sich oft in benutzereigenen Style Sheets umschreiben lassen. Über den Befehl:

*[accesskey]:after {content: "[" attr(accesskey) "]";}

lassen sich diese versteckten Accesskeys im benutzereigenen Style Sheet anzeigen. Ein anderer Weg nicht sichtbare Accesskeys aufzudecken, wäre der über die Web Developer Toolbar des Firefox, im Menü „Informationen" unter „Display Access Keys".[64]

4.2 Braillezeile

Das bedeutendste Hauptlesemedium für blinde Menschen ist die Blindenschrift (auch Braille- oder Punktschrift). Sie wurde im Jahre 1825 von dem Franzosen Louis Braille, der selber blind war, entwickelt. Bis in die heutige Zeit wurde das Kernprinzip der Blindenschrift, wegen der einfach nachvollziehbaren Struktur und der Sprach- und Fächerunabhängigkeit keinen Veränderungen unterzogen. Da die Blindenschrift aber nicht einfach zu erlernen ist, beherrschen nur etwa 10 Prozent der blinden Menschen die Brailleschrift. Vor allem ältere Menschen haben, wenn das Tastempfinden nachlässt, Schwierigkeiten, dieses komplexe Schriftsystem zu erlernen.

Abbildung 5: Braillezeile mit 40 Zeichen

Über viele kleine Stifte bildet eine Braillezeile Zeichen in Punktschrift ab. Das ehemals 6 Punkte Schriftsystem wurde, damit der ASCII-Satz vollständig berücksichtigt werden kann, zu einem 8 Punkte Code erweitert, welcher 256 Kombinationsmöglichkeiten bietet.[65]

Unterschieden wird zwischen stationären (80 Zeichen) und mobilen (40 Zeichen) Braillezeilen. Da die Kosten für eine 80 Zeichen Braillezeile ziemlich hoch sind und die Krankenkassen eher die Kosten für die kleineren Braillezeilen übernehmen, benutzen drei Viertel der blinden Menschen eine Braillezeile mit 40 Zeichen.

Über Steuertasten wird der Ausschnitt, den der Nutzer angezeigt bekommt, in alle Richtungen bewegt. Möchte der Nutzer Texte korrigieren oder einen Mausklick simulieren,

---

64 vgl. [EfaA07]
65 vgl. [Tinn07], S.35

benutzt er einen kleinen Knopf, der sich unterhalb jedes Braille-Elementes befindet (Cursor-Routing), um mit dem Cursor zu dem übersetzten Zeichen zu gelangen.[66]

Geeignet sind Braillezeilen vor allem bei längeren Texten, da im Gegensatz zum Screenreader das Lesetempo variabler gestaltet werden kann.

4.3 Weitere assistive Technologien

Bildschirmlupe

Bildschirmlupen sind Tools, mit denen bestimmte Bereiche auf dem Monitor vergrößert werden können. Bei Windows XP ist eine Bildschirmlupe unter Zubehör/Eingabehilfen zu finden und erlaubt, wie auch die Freeware gMagnify, in Echtzeit zehnfache Vergrößerungen.

Webformator

Der Webformator ist eine Software, die es blinden Menschen erleichtert, im Internet zu surfen, indem sie den Inhalt von Internetseiten in einem extra Textfenster neu gliedert. Es werden grafische Elemente mit ihrem Link und ihrem Text angezeigt und sogar Tabellen zugänglich gemacht. Nachteilig ist, dass der Webformator als Schnittstelle zwischen Screenreader und Browser, nur in Verbindung mit dem Internet Explorer genutzt werden kann.[67]

Scanner

Für die Zugänglichkeit von Schwarzschrift-Dokumenten benötigen blinde Menschen einen Scanner. Mittlerweile gibt es Geräte wie den Plustek BookReader BAT, welche mit nur einem Tastendruck ein Dokument scannen, eine Texterkennung durchführen, den Text in ein geeignetes Audioformat umwandeln und über die Lautsprecher des PC wiedergeben.[68]

---

66 vgl. [Tinn07], S.36
67 vgl. [Webf]
68 vgl. [Plus]

Brailledrucker

Das für den Privatbedarf sehr teure und auch selten durch Kassen finanzierbare Hilfsmittel Brailledrucker ist in der Lage, Punktschrifttexte und Grafiken im Punktraster zu drucken beziehungsweise zu stanzen. Wegen der hohen Anschaffungskosten und dem Vormarsch besser nutzbarer Medien ist der Bedarf von Brailledruckern zurückgegangen.[69]

Augensteuerungen

Für Menschen mit extremen körperlichen Behinderungen sind assistive Technologien, wie Augensteuerungen eine Möglichkeit, das Internet oder E-Mail Dienste wahrzunehmen. Mit gezieltem Blick, Verweilen oder Schließen der Augen kann ein PC bedient, Sprache ausgegeben oder Text eingetippt werden.[70]

---

69 vgl. [InCo]
70 vgl. [Abil]

5 Richtlinien, Empfehlungen und Verordnungen

In vielen Unternehmen gilt Barrierefreiheit als „nice to have", als schöne Geste. Daher wird bei vielen nicht die Notwendigkeit gesehen, in Barrierefreiheit zu investieren. Den meisten Verantwortlichen ist nicht bewusst, dass sie durch einen standardkonformen Web-Auftritt einen enormen Marktvorteil erringen können - angefangen von Plattformunabhängigkeit, geringerem Editieraufwand, Ausbau der Reichweite über User- und Kundenzufriedenheit bis hin zu Vertrauen, Zuverlässigkeit und Zukunftsfähigkeit.[71]

Das World Wide Web Consortium (W3C) hat Webstandards entworfen, um für die größtmögliche Zahl von Internet-Nutzern den größtmöglichen Nutzen zu erzielen. Diejenigen, die sich beim Erstellen von Web-Angeboten an diese Standards halten, vereinfachen die Produktion, senken die Kosten und es entstehen Websites, die zugänglicher für Menschen und webfähige Endgeräte sind.

5.1 International

Das World Wide Web Consortium (W3C) ist eine internationale und herstellerunabhängige Organisation, die sich mit der Weiterentwicklung von Webtechnologien beschäftigt. Das sind Technologien wie HTML, CSS, XML, SVG und viele andere.[72]

Die Web Accessibility Initiative (WAI) ist eins von fünf Domänen des W3C und befasst sich mit der Barrierefreiheit des Web für Menschen mit Behinderung. Ein Kernpunkt der Arbeit der WAI ist die Überprüfung der W3C-Technologien auf Barrierefreiheit, bevor sie als Web-Standards verabschiedet werden. Zum Beispiel sind die Accessibility-Merkmale in HTML und CSS ein wesentlicher Bestandteil, um barrierefreie Webseiten gestalten zu können. Ein weiterer Punkt an dem die WAI arbeitet, ist das Erstellen von Accessibility-Richtlinien.

Die WAI-Richtlinien werden nach dem W3C-Erstellungsprozess entwickelt. Das bedeutet, der Prozess ist international, kooperativ und offen. In jedem Stadium dieses Prozesses, gibt es die Möglichkeit für Inputs durch die Öffentlichkeit. Die Arbeitsgruppe, die die Richtlinien erstellt, besteht aus Forschern, Entwicklern, Industrie, Behindertenorga-

---
71 vgl. [EdWi]
72 vgl. [Tikw07]

nisationen und natürlich auch behinderten Personen selbst. Gemeinsam werden diese Richtlinien erstellt, um Webentwickler von der Notwendigkeit von Accessibility aufzuklären und zu zeigen, wie die technische Umsetzung funktioniert.

WAI ist in den letzten Jahren als die führende internationale Autorität im Bereich Webzugänglichkeit akzeptiert worden, die den Leitgedanken der Barrierefreiheit für Menschen mit Behinderungen durch ein geräteunabhängiges Design bearbeitet. Das folgende Schaubild zeigt drei Richtlinien der WAI, welche Webentwickler helfen sollen, ein universelles Web zu schaffen, das für jeden zugänglich ist.[73]

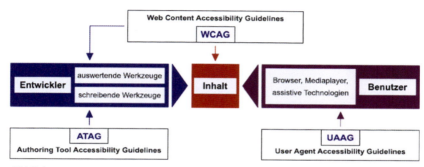

Abbildung 6: Komponenten der Zugänglichkeit

5.1.1 Web Content Accessibility Guidelines (WCAG)

1999 hat das W3C die erste Version der WCAG (Web Content Accessibility Guidelines) veröffentlicht. Erarbeitet wurden die WCAG von der WAI und werden daher auch als WAI-Richtlinien bezeichnet. Die WCAG beinhalten Empfehlungen für das Gestalten von Webinhalten und bilden die Grundlage für barrierefreies Webdesign. Die Umsetzung nach WCAG fördern die Zugänglichkeit der Webangebote und stellen jedem Nutzer die gleichen Inhalte bereit.[74]

Seit der Fertigstellung der WCAG 1.0 hat sich im Internet eine Menge getan. Browser, assistive und webbasierte Technologien haben sich weiterentwickelt und viele Anforderungen der Version 1.0 sind überflüssig geworden und andere zu eng auf HTML und CSS und nicht auf Formate wie Flash oder PDF zugeschnitten.[75] Jahrelang hat die Web Accessibility Initiative mit vielen Organisationen an der Verbesserung der WCAG 1.0

---
73 vgl. [Abou08]
74 vgl. [W3CW99]
75 vgl. [WyZa08]

gearbeitet, bis schließlich am 11. Dezember 2008 die überfälligen WCAG 2.0 verabschiedet wurden. Da der Aufbau und die Handhabung der zwei Versionen der WCAG so unterschiedlich ist, wird im Folgenden einzeln auf sie eingegangen.[76]

5.1.1.1 WCAG 1.0

Die WCAG 1.0 richten sich an Entwickler von Webseiten und Autorenwerkzeugen. Im Vordergrund steht die Forderung nach unverfälschter Transformation und die Forderung, Inhalte navigierbar und verständlich bereitzustellen. Der Aufwand zur Realisierung barrierefreier Webangebote würde mit Einhaltung der WCAG 1.0 erheblich sinken und im Nachhinein viel Zeit sparen.

Aufgebaut sind die WCAG 1.0 aus 14 Richtlinien mit insgesamt 65 Checkpunkten, gegliedert auf drei Prioritätsstufen. Im dazu gehörigen Dokument "Checklist of Checkpoints for Web Content Accessibility Guidelines 1.0" wird eine Zusammenstellung der einzelnen Checkpunkte angeboten und ein weiteres Dokument, die „Techniques for WCAG 1.0", erläutert die Techniken zur Implementierung der Checkpunkte.[77]

Die als Grundlage für bekannte Testwerkzeuge und inzwischen auch in Gesetze und Verordnungen eingeflossenen WCAG 1.0, sind mit den Jahren aber nicht mehr auf dem neuesten Stand der Technik. Viele der Empfehlungen sind bedeutungslos, unverständlich und international nicht anerkannt. Möglicherweise sind die WCAG 1.0 zu konkret formuliert und Auftraggeber befürchten einen zu großen finanziellen und zeitlichen Aufwand.[78]

5.1.1.2 WCAG 2.0

Gegenüber den WCAG 1.0 richten sich die WCAG 2.0 auch an Politiker und Manager, welche mit der Planung und der Vergabe von Web-Projekten verbunden sind. Ohne von der Klarheit und Genauigkeit abzurücken wurde versucht, die Richtlinien so anwendbar und lesbar wie möglich zu entwerfen.[79] Das Ziel der WAI mit den WCAG 2.0 ist es,

---

76 vgl. [Lads08]
77 vgl. [Müll09]
78 vgl. [HellPF]
79 vgl. [HellPF]

einen Standard für internationale Gesetzgebungen zu schaffen, der für alle Nutzer wahrnehmbar, bedienbar, navigierbar, verständlich und mit den aktuellen und zukünftigen assistiven Technologien kompatibel ist.

Der Aufbau der WCAG 2.0 unterteilt sich in vier Prinzipien als Fundament für die Web-Zugänglichkeit: Wahrnehmbarkeit, Bedienbarkeit, Verständlichkeit, Robustheit. Diesen Prinzipien sind 12 Richtlinien mit 61 Erfolgskriterien unterstellt, welche bestimmte Techniken zur Umsetzung empfehlen.[80]

- <u>Grundsatz 1: Wahrnehmbarkeit,</u>
    - Richtlinie 1.1: Stellen Sie Text-Alternativen für Nicht-Text-Elemente bereit.
    - Richtlinie 1.2: Stellen Sie Alternativen für zeit-basierte Medien bereit.
    - Richtlinie 1.3: Erzeugen Sie Inhalte, deren Informationen und Struktur anpassbar ist.
    - Richtlinie 1.4: Erleichtern Sie es Nutzern, durch die Trennung von Vorder- und Hintergrund, Inhalte zu sehen und zu hören.[81]

- Grundsatz 2: Bedienbarkeit,
    - Richtlinie 2.1: Ermöglichen Sie das Navigieren mittels der Tastatur.
    - Richtlinie 2.2: Bieten Sie den Nutzern genügend Zeit für die Inhalte.
    - Richtlinie 2.3: Vermeiden Sie Inhalte, wie blinkende Elemente, die Anfälle auslösen können.
    - Richtlinie 2.4: Bieten Sie Navigationshilfen an.

- *Grundsatz 3: Verständlichkeit,*
    - Richtlinie 3.1: Bieten Sie lesbare und verständliche Textinhalte.
    - Richtlinie 3.2: Erzeugen Sie verlässliche und erwartungskonforme Darstellungen und Funktionsweisen der Webinhalte.

---

80 vgl. [Beye08]
81 vgl. [Müll09]

- Richtlinie 3.3: Unterstützen Sie Nutzer bei der Fehlervermeidung und Fehlerkorrektur.

- Grundsatz 4: Robustheit.
    - Richtlinie 4.1: Maximieren Sie die Kompatibilität mit derzeitigen und künftigen assistiven Technologien und Benutzer-Agenten.[82]

Die einzelnen Erlolgskriterien sind wie schon in den WCAG 1.0 Konformitätsstufen (A, AA, AAA) zugeordnet. Bei der ersten Konformitätsstufe A werden zum Beispiel keine Anforderungen an das Layout gestellt – sie ist die einfachste Stufe. Dagegen dürfte die Konformitätsstufe AAA nicht von allen Anbietern und für alle Inhalte erreicht werden können.[83] Für das bessere Verständnis der WCAG 2.0 mit ihren Prinzipien, Richtlinien und Erfolgskriterien, wurden noch weitere Dokumente geschaffen: "How to meet WCAG 2.0", "Understanding WCAG 2.0" und "Techniques for WCAG 2.0".

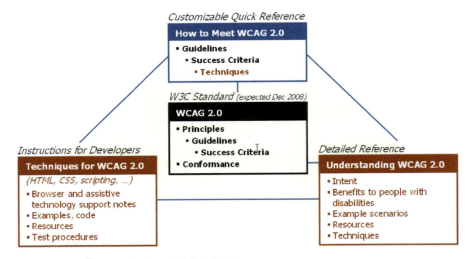

Abbildung 7: Überblick der WCAG 2.0 Dokumente

Hilfreich für Webentwickler sind vor allem die „Techniques". Typische Fehler, die nicht zu den gewünschten Erfolgskriterien führen sind hier ebenso aufgeführt, wie auch Tipps

---

82 vgl. [HellPr]
83 vgl. [Beye08]

zur Umsetzung und Prüfung.[84]

5.1.1.3 Vergleich der WCAG 1.0 und der WCAG 2.0

Gewöhnlich ändern sich die Anforderungen der Menschen mit Behinderung an das Web nicht zwischen einer Technologie und einer anderen. Umgekehrt sieht es bei der Umsetzung aus. Die WCAG 2.0 ziehen zwischen den Anforderungen und der technischen Umsetzung eine klare Trennung. An einem Beispiel, der Beschriftung von Bildinhalten und Grafiken im Web wird dies deutlich. In den WCAG 1.0 wurde das ALT-Attribut genannt, da angenommen wurde, dass die Umsetzung in HTML erfolgt. In der zweiten Version der WCAG heißt es hingegen, dass alle nicht textuellen Inhalte textuell beschriftet werden müssen. Wie unterschiedlich dies umgesetzt werden kann, wird im Teil „Techniques for WCAG 2.0" beschrieben.

Ein weiterer Vorteil, den die Trennung von Anforderung und technischer Umsetzung mit sich bringt, ist die Flexibilität. Ohne die Richtlinien noch einmal umzuschreiben, ist es nun leichter, neue Techniken hinzuzufügen, wie zum Beispiel das neue Format HTML 5, welches sich in der Entwicklung befindet. Die Techniken haben einen anderen Status, sie sind eine „Working Group Note" und daher leichter zu verändern.[85]

In der zweiten Version der WCAG sind Kriterien für Barrierefreiheit nun eindeutig feststellbar, da sie so formuliert wurden, dass sie testbar sind. In den WCAG 1.0 gab es zum Beispiel das Kriterium, dass ausreichend Farbkontrast zwischen Vorder- und Hintergrund vorhanden sein muss. Wie stark dieser Kontrast jedoch sein muss, wurde nicht festgelegt, was zu verschiedenen Interpretationen führte. In die WCAG 2.0 ist viel aus Forschung und Alltagswissen eingeflossen. Dies führte zur Entwicklung eines Algorithmus, der eindeutige Berechnung zwischen Vordergrund- und Hintergrundfarbkontrasten ermöglicht. Die Richtlinien legen hier einen Schwellwert fest, um dieses Kriterium zu erfüllen. Ein weiterer Vorteil der WCAG 2.0 ist die Technologieunabhängigkeit. Gestaltungsprinzipien können nun auf viele zukünftige Technologien und Situationen angewendet werden. Zu Zeiten, als die WCAG 1.0 entwickelt wurden, waren HTML und CSS die maßgeblichen Formate im World Wide Web. Heute gibt es eine Menge andere Formate, zum Beispiel die W3C-Formate, PDF oder Flash, die zu einer Webseite gehö-

---

84 vgl. [BIKV]
85 vgl. [Abou08]

ren und auch barrierefrei implementiert werden sollen.[86]

Letztendlich lässt sich sagen, dass die WCAG 2.0 Technologie unabhängiger, klarer und verständlicher verfasst wurde. Es müssen nicht zwangsläufig Fallback-Lösungen angeboten werden, wenn beispielsweise Javascript eingesetzt wird. Diese skriptgesteuerten Inhalte müssen nun selbst zugänglich sein. Die Akzeptanz von Javascript ist ein großer Schritt Richtung Nutzerfreundlichkeit für Menschen mit Behinderungen und assistive Technologien sind durchaus in der Lage, diesen Schritt mit zu gehen. Was die Anzeige von dynamischen Inhalten mithilfe von Javascript angeht, so gibt es einige Technologien, die sich damit beschäftigen, Nutzern von Screenreadern diese Inhalte zugänglich zu machen. Allerdings gibt es beim Thema barrierefreies Javascript noch Entwicklungsbedarf, was auch die kleine Sammlung der "Techniques for WCAG 2.0" für Javascript zeigt.[87]

5.1.2 Authoring Tool Accessibility Guidelines (ATAG)

Das World Wide Web Consortium (W3C) hat am 3. Februar 2000 die erste Empfehlung für die Authoring Tool Accessibility Guidelines herausgegeben.

Das Ziel der ATAG ist es, dass Autorensysteme barrierefreien Code ausgeben und für Benutzer zugänglich sein müssen. Diese Richtlinien sind eine Basis für Barrierefreiheit und setzen für Editoren, Blogtools und Content Management Systeme Standards.[88]

Hierfür stehen die 7 Richtlinien der ATAG:

1. Unterstützung zugänglicher Redaktions-Verfahren,
2. Generierung von Standard Syntax,
3. Unterstützung bei der Erstellung barrierefreier Inhalte,
4. Möglichkeiten zur Überprüfung und Verbesserung von nicht barrierefreien Inhalten,
5. Integration von Accessibility-Lösungen in das allgemeine „Look & Feel",
6. Förderung von Zugänglichkeit in Form von Hilfe und Dokumentation,

---

86 vgl. [Abou08]
87 vgl. [BIKJ]
88 vgl. [W3CA00]

7. Sicherstellung, dass die Redaktions-Software auch für Autoren mit Behinderungen zugänglich ist.[89]

Da sich die Authoring Tools Accessibility Guidelines 1.0 auf die Web Content Accessibility Guidelines 1.0 (WCAG 1.0) beziehen und am 11.Dezember 2008 die WCAG 2.0 fertiggestellt wurden, ist in naher Zukunft auch mit einer neuen Ausführung, der ATAG 2.0, zu rechnen, deren letzter Arbeitsentwurf am 17.Februar 2009 veröffentlicht wurde. Im Rahmen der ATAG 2.0 wird die ISO TS 16071 ein zentraler Baustein sein, welche sich mit der Zugänglichkeit von Software beschäftigt. In dieser Norm werden Fehler und Rückmeldungen geregelt, die bisher vor allem in Content Management Systemen gar nicht erst gemeldet oder technisch verschlüsselt wurden.[90]

5.1.3 User Agent Accessibility Guidelines (UAAG)

Wie die WCAG 1.0 und die ATAG 1.0 ist auch die UAAG 1.0 in die Jahre gekommen. Am 17.Dezember 2002 veröffentlichte die W3C die erste Empfehlung.

Mit dieser Richtlinie soll sichergestellt werden, dass Menschen mit Behinderung auf Informationen aus dem Internet zugreifen können. Vorgesehen sind standardisierte Schnittstellen, mit der sich die Software mithilfe von speziellen Eingabemedien ansteuern lässt.[91]

Unter anderem beschäftigt sich die UAAG mit der Oberflächengestaltung von:

- Webbrowsern,
- Video- und Audiowiedergabeprogrammen,
- Unterstützungstechnologien.

Die User Agent Accessibility Guidelines enthalten Richtlinien zur Entwicklung von internetbezogener Anwendungssoftware, welche von alten Menschen und Behinderten benutzt werden können.

Im Folgenden sind die 12 Richtlinien der UAAG 1.0 aufgelistet:

---
89 vgl. [ECMP]
90 vgl. [Hein04]
91 vgl. [W3CU02]

1. Unterstützung der Unabhängigkeit der Ein- und Ausgabegeräte,
2. Sicherstellung des Benutzerzugangs zum gesamten Webinhalt,
3. Konfiguration ermöglichen, um Webinhalte auszublenden, die den Zugang verringern,
4. Sicherstellung der Kontrolle über die Wiedergabe,
5. Kontrolle über das Verhalten der Benutzeroberfläche sicherstellen,
6. Implementierung einer dialogfähigen Programmierschnittstelle,
7. Beachten der Betriebsumgebung,
8. Implementierung von Spezifikationen, die der Zugänglichkeit nützen,
9. Bereitstellung von Navigationsmechanismen,
10. Orientierungshilfen bereitstellen,
11. Sicherstellung von Konfiguration und kundenspezifischer Anpassung,
12. Bereitstellung zugänglicher Dokumentation und Hilfe.[92]

Wie auch bei der ATAG wird auch hier mit einem neuen Entwurf in diesem Jahr gerechnet. Am 12.März 2008 gab die W3C den letzten Arbeitsentwurf heraus, in dem die Ziele beschrieben wurden und zu welchen noch Kommentare und Anregungen abgegeben werden können.

5.1.4 Accessible Rich Internet Applications (WAI-ARIA)

ARIA steht für Accessible Rich Internet Applications – zugängliche funktionsreiche Webanwendungen, wie zum Beispiel browserbasierter Software, RSS Reader oder E-Mail Clients. Dieser Standard für Markup-Sprachen wie HTML, XML oder XHTML, soll web-basierte Applikationen für die Hilfsmittel behinderter Nutzer zugänglicher machen.[93]

Im Februar 2005 hat Jesse James Garrett im Artikel „Adaptive Path" den Begriff AJAX

---
[92] vgl. [W3CU02]
[93] vgl. [Klie08]

(Asynchrones JavaScript and XML) geprägt. Einen Monat später, im März 2005, stellen Richard Schwerdtfeger und Becky Gibson den Vorläufer von ARIA (Accessible Rich Internet Applications) auf der CSUN vor. Daraufhin spendet IBM im August 2005 eine große Menge Quellcode an die Mozilla Fondation, um die Barrierefreiheit zu erhöhen und ebenfalls im August 2005 veröffentlicht das W3C die ersten Standardentwürfe für ARIA. Als erstes von einer Reihe von Modulen wurde im Juli 2006 der erste Arbeitsentwurf des XHTML Role Attribute Module veröffentlicht, welches einem Dokument Semantik hinzufügt.[94]

Angesichts der Möglichkeiten von XHTML sind Web 2.0 Anwendungen oft nicht barrierefrei. Wo ein Betriebssystem über ungefähr 80 Steuerelemente verfügt, welche für unterschiedliche Aufgaben bereit stehen und von assistiven Hilfsmitteln genutzt werden können, enthält HTML nur 12 Steuerelemente. Webentwickler mussten bisher über CSS und Javascript unsemantische Umwege gehen. An dieser Stelle setzt WAI-ARIA an. Die Web Accessibility Initiative (WAI) hat im Jahr 2006 Dokumente zur Verfügung gestellt, die es Webdesignern leichter machen sollen, dynamische Webangebote für Menschen mit Behinderungen zu entwickeln:

- Der aktuelle Arbeitsentwurf der WAI-ARIA 2.0 vom 24.Februar 2009 - beinhaltet Entwürfe für "Roles" und "States and Properties",
- WAI-ARIA-Primer, ein Dokument, in dem Lösungsansätze und Hintergundinformationen zu finden sind,
- WAI-ARIA Best Practices, Anleitung für Entwickler, wie sie schon heute zugängliche Web-Applikationen schreiben können.[95]

WAI-ARIA bereichert HTML nicht durch neue Elemente oder Widgets, sondern bietet Attribute an, welche für die Semantik in XHTML genutzt werden sollen. Bedeutungslose Objekte werden jetzt für assistive Hilfsmittel zu Baumnavigationen, Checkboxen, Schiebereglern usw. Dabei fügt Wai-ARIA hinzu:[96]

- Fokusierbarkeit,

---

94 vgl. [Klie08]
95 vgl. [W3CA09]
96 vgl. [Klie08]

- zusätzliche Semantik,
- aktuelle Zustände,
- Beziehungen zwischen den Elementen,
- Informationen über aktualisierte Regionen.

Zusammen mit WCAG 2.0 ermöglicht ARIA barrierefreie Web-Applikationen, bekannt auch als AJAX-Applikationen.[97] Unterstützt wird ARIA bereits von Firefox ab Version 1.5, Opera 9.5, Safari 3.0 und Internet Explorer 8. Für die weitere Entwicklung und Verfeinerung der WAI-ARIA Reihe werden Webentwickler aufgefordert die Working Drafts zu überprüfen und zu kommentieren.

5.2 National

5.2.1 Behindertengleichstellungsgesetz (BGG)

Zur Selbstverständlichkeit einer modernen Gesellschaft sollte die Gleichstellung behinderter Menschen zählen. In Worte gefasst fand jedoch erst im Jahre 1994 die Gleichstellung behinderter Menschen den Weg in das deutsche Grundgesetz und 2002 formuliert das Behindertengleichstellungsgesetz (BGG) Anforderungen und Bestimmungen für eine gleichberechtigte Teilhabe am Leben in der Gesellschaft.

In vielen unterschiedlichen Lebensbereichen, in welchen behinderte Menschen im Alltags- und Berufsleben ausgegrenzt und benachteiligt wurden, beseitigt das BGG Barrieren. Verpflichtend für öffentliche Informationssysteme legt §11 des BGG, auf Grundlage der WCAG 1.0, den uneingeschränkten Zugang zu elektronischen Informationsangeboten fest.

> "(1) Träger öffentlicher Gewalt im Sinne des § 7 Abs. 1 Satz 1 gestalten ihre Internetauftritte und -angebote sowie die von ihnen zur Verfügung gestellten grafischen Programmoberflächen, die mit Mitteln der Informationstechnik dargestellt werden, nach Maßgabe der nach Satz 2 zu erlassenden Verordnung schrittweise technisch so, dass sie von behinderten Menschen grundsätzlich uneingeschränkt genutzt werden können. Das Bundesministerium für Arbeit und Soziales bestimmt durch Rechtsverordnung, die nicht der Zustimmung des Bundesrates bedarf, nach Maßgabe der technischen, finanziellen und

---

97 vgl. [Tikw06]

verwaltungsorganisatorischen Möglichkeiten

1. die in den Geltungsbereich der Verordnung einzubeziehenden Gruppen behinderter Menschen,
2. die anzuwendenden technischen Standards sowie den Zeitpunkt ihrer verbindlichen Anwendung,
3. die zu gestaltenden Bereiche und Arten amtlicher Informationen.

(2) Die Bundesregierung wirkt darauf hin, dass auch gewerbsmäßige Anbieter von Internetseiten sowie von grafischen Programmoberflächen, die mit Mitteln der Informationstechnik dargestellt werden, durch Zielvereinbarungen nach § 5 ihre Produkte entsprechend den technischen Standards nach Absatz 1 gestalten."[98]

5.2.2 Barrierefreie Informationstechnik-Verordnung (BITV)

Am 24.07.2002 trat die Verordnung zur Schaffung barrierefreier Informationstechnik nach dem §11 Behindertengleichstellungsgesetz (Barrierefreie Informationstechnik-Verordnung – BITV) in Kraft.

In der BITV sind Standards für Web-Angebote, öffentlich zugängliche Intranets und grafische Programmoberflächen erstellt worden, in denen die Wahrnehmung, die Bedienbarkeit und die Verständlichkeit der jeweiligen Informationen und deren Kompatibilität zu assistiven Ein- und Ausgabegeräten im Mittelpunkt stehen.[99]

Die Standards der BITV bestehen aus 14 Anforderungen, welche jeweils noch in Bedingungen unterteilt sind. Die Bedingungen sind nach Prioritätsstufen I und II zu unterscheiden.

Auflistung der Anforderungen der BITV:

1. Für audio- oder visuellen Inhalt müssen äquivalente Inhalte angeboten werden, welche den Zweck oder die Funktion erfüllen,
2. Texte und Graphiken müssen auch ohne Farbe verständlich sein,
3. Markup-Sprachen müssen korrekt verwendet werden,
4. Sprachliche Besonderheiten müssen erkennbar gemacht werden,
5. Tabellen müssen richtig beschrieben und genutzt werden,

---

98 [Bund02]
99 vgl. [BuJu02]

6. Internetangebote müssen nutzbar sein, auch wenn neuere Technologien nicht unterstützt oder deaktiviert sind,
7. Zeitgesteuerte Änderungen des Inhalts müssen durch den Nutzer kontrollierbar sein,
8. Die direkte Zugänglichkeit der Benutzerschnittstellen muss gegeben sein,
9. Funktionen in Internetangeboten müssen unabhängig vom Eingabegerät oder Ausgabegerät nutzbar sein,
10. Die Verwendbarkeit von älteren assistiven Technologien und Browsern ist sicherzustellen,
11. Verwendete Technologien sollen öffentlich zugänglich und vollständig dokumentiert sein,
12. Informationen zum Kontext und zur Orientierung sind dem Nutzer bereitzustellen,
13. Navigationsmechanismen müssen übersichtlich und aussagekräftig gestaltet sein,
14. Das allgemeine Verständnis muss gefördert werden.[100]

Nach nun fast 7 Jahren der Formulierung der Richtlinien kann festgestellt werden, dass die BITV nicht nur auf Bundesebene, sondern auch auf Länderebene umgesetzt wird, da in den Landesgleichstellungsgesetzen abgeleitete Verordnungen definiert sind.

Im Wesentlichen stützen sich die Anforderungen und Bedingungen der BITV auf denen der WCAG 1.0.[101] Im Zuge der Überarbeitung und im Dezember 2008 fertiggestellten WCAG 2.0 kann in naher Zukunft mit einer aktualisierten BITV gerechnet werden. Das einzige Manko für Webentwickler und Autoren ist die fehlende Transparenz der Erarbeitung der BITV 2.0 und die Teilhabe an der Entwicklung, wie sie es von der WAI des W3C kennen.

---

100 vgl. [BuJu02]
101 vgl. [BuJu02]

6 Umsetzung barrierefreier Inhalte

6.1 Techniken für WCAG 2.0

Das Dokument „Techniques for WCAG 2.0" ist besonders für Webentwickler sehr nützlich, da dort Anleitungen und konkrete Hilfen zur Umsetzung der Anforderungen der WCAG 2.0 gegeben sowie typische Fehler aufgezeigt werden. Die Techniques können stetig aktualisiert und ergänzt und so auf einen aktuellen Stand gehalten werden. Derzeit (W3C Working Group Note 11.Dezember 2008) umfasst das Dokument:

- 144 allgemeine Techniques,
- 57 HTML und XHTML Techniques,
- 22 CSS Techniques,
- 22 Client-seitige Script Techniques,
- 4 Server-seitige Script Techniques,
- 8 SMIL Techniques,
- 3 Klartext Techniques,
- 4 ARIA Techniques,
- 74 häufige Fehler.[102]

Im Folgenden werden ausgewählte Techniken beispielhaft aufgezeigt:

6.1.1 Beispiel für die Benutzung des "lang" Attributs

H57: Benutzen Sie das "language" Attribut im html Element

Textabschnitte in einer anderen Sprache müssen mit dem "lang" Attribut definiert werden, da Screenreader Wortlisten benutzen, in welchen die Aussprache der einzelnen Wörter definiert wurde.

In diesem Beispiel wird der Inhalt von einem XHTML 1.1 Dokument mit Inhalttyp von

---

102 vgl. [W3CT08]

"application/xhtml+xml" in deutscher Sprache definiert. Nur das "xml:lang" Attribut wird hierbei festgelegt.[103]

```
<!DOCTYPE html PUBLIC "-//W3C//DTD XHTML 1.1//EN"
    "http://www.w3.org/TR/xhtml11/DTD/xhtml11.dtd">
<html xmlns="http://www.w3.org/1999/xhtml" xml:lang="de">
<head>
    <title>Barrierefreiheit</title>
    <meta http-equiv="content-type"
content="application/xhtml+xml;    charset=utf-8" />
</head>
<body>
    ...Dokument in deutscher Sprache...
</body>
</html>
```

6.1.2 Beispiel für die Nicht-Berücksichtigung von Grafiken durch AT

H67: Sollen Assistive Technologien Grafiken ignorieren, dann benutzen sie leere Alternativtexte und kein Titel-Attribut

Beispiel:[104]

```
<img src="logo.gif" width="15" height="15" alt="" />
```

6.1.3 Beispiel für Client-seitige Validierung und Warnung

SRC18: Bereitstellung Client-seitiger Validierung und Warnungen

Das Ziel dieser Technik ist es die Benutzereingaben zu validieren, die als Werte in die Felder mittels clientseitigem Script eingegeben wurden. Wenn Fehler gefunden werden, beschreibt ein Warndialog die Ursache. Sobald der Warndialog beendet wird, ist es hilfreich, wenn die Scriptposition den Tastatur-Fokus auf das Feld setzt, wo der Fehler auftrat.

Das folgende Beispiel kontrolliert, ob ein valides Datum eingegeben wurde:[105]

```
<label for="date">Datum:</label>
<input type="text" name="date" id="date"
onchange="if(isNaN(Date.parse(this.value)))
    alert('Dies ist kein valides Datum.
```

---

103 vgl. [W3CH57]
104 vgl. [W3CH67]
105 vgl. [W3CSCR18]

```
Wiederholen Sie bitte Ihre Eingabe.');" />
```

6.1.4 Beispiel für ausklappbares Menü

SRC28: Benutzung eines ausklappbaren Menüs, um Inhaltsblöcke zu umgehen

Diese Technik erlaubt Benutzern Inhalte zu überspringen, indem sie in ein Menü platziert werden, welches unter Kontrolle des Benutzers auf- und zusammenklappbar ist.

Im folgenden Beispiel sind die Navigations-Links Einträge eines Menüs, welches über HTML, CSS und JavaScript implementiert wird.

```
...

  <script type="text/javascript">
  function toggle(id){
    var n = document.getElementById(id);
    n.style.display = (n.style.display != 'none' ? 'none' : '' );
  }
  </script>

...

  <a href="#" onclick="toggle("navbar")">Toggle Navigation Bar</a>

  <ul> id="navbar">
  <li><a href="http://target1.html">Link 1</a></li>
  <li><a href="http://target2.html">Link 2</a></li>
  <li><a href="http://target3.html">Link 3</a></li>
  <li><a href="http://target4.html">Link 4</a></li>
  </ul>

...
```

Wenn die Navigationsbar aufgeklappt ist, sind die Navigations-Links verfügbar, bei zusammengeklappter Navigationsbar sind die Links nicht sichtbar.[106]

---

106 vgl. [W3CSCR28]

6.2 WAI-ARIA

Bisher hieß es, dass Javascript und Barrierefreiheit schwer oder gar nicht zusammen zu bringen sind, da die Unterstützung von assistiven Technologien sehr problematisch ist. Korrekt eingesetzt trägt JavaScript aber zu Lösungen von Barrieren im Netz bei und nicht umgekehrt. Da JavaScript die Sprache des Web ist wird deren Zugänglichkeit stark vorangetrieben.

6.2.1 Rollen, Eigenschaften und Zustände von ARIA

Die Spezifikation WAI-ARIA bietet Hilfen an, um Rollen, Zustände und Eigenschaften von Widgets zu beschreiben. Das erklärte Ziel ist die Verbesserung der Zugänglichkeit von Webseiten – vor allem für Nutzer assistiver Technologien. Mit ARIA finden sich zum Beispiel im Bereich barrierefreies Javascript nutzbare Möglichkeiten auf. Dabei werden zusätzliche semantische Attribute vergeben, welche ihre Rolle und Eigenschaften dem Screenreader zugänglich machen können.

ARIA bietet unter anderem zusätzliche Semantik für:

- Rollen von JS-Widgets,
- Zustände und Eigenschaften (aria-hidden, aria-haspopup, aria-required),
- Rollen für strukturelle Elemente und Beziehungen zwischen ihnen (seealso, navigation),
- Rollen für logische Bereiche (section, region).[107]

Bisher konnten Webentwickler über eindeutig formulierte Ids und Klassennamen, wie `<div id"logo">` oder `<div class"banner">`, einem HTML-Element Semantik verleihen. Dies ist für eine verständliche Struktur auch sehr wichtig, aber von Nutzen ist dies nur für Webentwickler und nicht für beispielsweise Screenreader. Abhilfe schafft das role-Attribut als XHTML-Modul, welches im Juli 2006 veröffentlicht wurde. Es ermöglicht, dass Elemente über semantische Informationen Bedeutung bekommen. Assis-

---

107 vgl. [Fark08]

tive Hilfsmittel können sich so der Rolle entsprechend verhalten.[108]

Folgende Kategorien von Rollen werden bei WAI-ARIA unterschieden:

- Base Types,
- User Input Widget,
- User Interface Elements,
- Document Structure,
- Specialized Regions,
- Landmark Roles.[109]

WAI-ARIA Zustände und Eigenschaften geben Benutzern von assistiven Technologien die Möglichkeit der Interaktion mit einem Widget und informieren über die Informationsstruktur von Objekten. Beide sind Teile aus der Definition der Beschaffenheit von Rollen und werden wie Attribute behandelt. Dennoch gibt es feine Unterschiede in ihrer Bedeutung. Ein Hauptunterschied ist, dass die Werte der Eigenschaften durchaus einfacher zu ändern sind als die Werte der Zustände, welche durch die Nutzerinteraktion häufiger wechseln.

Folgende Kategorien von WAI-ARIA Zuständen und Eigenschaften gibt es:

- Widget Attributes,
- Live Region Attributes,
- Drag-and-Drop Attributes,
- Relationship Attributes.[110]

6.2.2 Beispiel für den Einsatz von ARIA landmark roles

Im folgenden Beispiel wird auf landmark roles eingegangen, mit welchen blinde Menschen auf einer Internetseite einfacher erkennen können, an welcher Stelle sich bei-

---
108 vgl. [W3CR06]
109 vgl. [W3CA09]
110 vgl. [W3CA09]

spielsweise die Navigation, ein Banner oder der Hauptinhalt befindet. Per Tastaturbefehl kann dann direkt der gewünschte Bereich angesprungen werden. Auch im Hinblick auf die Indexierung bei Suchmaschienen sind landmark roles eine Bereicherung.[111]

Landmark roles sind einfach zu integrieren und moderne Browser unterstützen ARIA. Nachteilig könnte derzeit noch sein, dass landmark roles nicht mit HTML 4 sowie XHTML validieren und noch nicht so viele Screenreader landmark roles unterstützen, wie Tabelle 18 zeigt.[112]

ARIA Role	Erwartetes Verhalten	JAWS 9	JAWS 10	ZoomText	Windows Eyes 7	NVDA
banner	Rolle + Text + TN	Rolle + Text, k. TN	+	"grouptext", k. TN	-	-
complementary	Rolle + Text + TN	-	+	"grouptext", k. TN	-	-
contentinfo	Rolle + Text + TN	Rolle + Text, k. TN	+	"grouptext", k. TN	-	-
main	Rolle + Text + TN	Rolle + Text, k. TN	+	"grouptext", k. TN	-	-
navigation	Rolle + Text + TN	Rolle + Text, k. TN	+	"grouptext", k. TN	-	-
search	Rolle + Text + TN	Rolle + Text, k. TN	+	"grouptext", k. TN	-	-

Tabelle 17: Screenreader und ARIA landmark roles

Legende zur Tabelle 6.1:

- Rolle → Rollenansage
- Text → Textansage
- TN → Tastaturnavigation
- Pluszeichen (+) → volle Unterstützung der landmark roles
- Minuszeichen (-) → keine Unterstützung der landmark roles
- „grouptext" → Rolle wird als „grouptext" angesagt
- k. TN → keine Tastaturnavigation[113]

---
111 vgl. [Wirt09]
112 vgl. [Wirt09]
113 vgl. [Faul 09]

In den Code werden landmark roles wie folgt eingesetzt:

```
<div id"banner" role="banner">
...
</div>
<div id"nav" role="navigation">
...
</div>
<div id"main" role="main">
...
</div>
```

6.2.3 ARIA Baum Beispiel

Ein Baum ist ein nützliches Element, um Hierarchien oder Strukturen darzustellen. Häufig werden Bäume in Webapplikationen eingesetzt, aber bisher gab es keinen Weg die Baumstruktur assistiven Technologien mitzuteilen. WAI-ARIA hat die Antwort mit den Rollen: "tree", "treeitem" und "group". Im folgenden Beispiel wird ein Navigations-Baum für Screenreader zugänglich gemacht.[114]

Tree Beispiel ohne ARIA:

```
<div> ID="treename">Navigation</div>
<ul>
    <li>Link 1
        <ul>
            <li>Link 1.1</div>
            <li>Link 1.2</div>
            <li>Link 1.3</div>
        </ul>
    </li>
    <li>Link 2</li>
</ul>
```

---

114 vgl. [W3CA09]

Tree Beispiel mit ARIA roles:[115]

```
<div> ID="treename">Navigation</div>
<ul role="tree" aria-labelledby="treename">
    <li role="treeitem" aria-expanded="true"
        aria-labelledby="l1">Link 1
        <ul role="group">
            <li role="treeitem">Link 1.1</div>
            <li role="treeitem">Link 1.2</div>
            <li role="treeitem">Link 1.3</div>
        </ul>
    </li>
    <li role="treeitem" aria-labelledby="l2">Link 2</li>
</ul>
```

Die Rolle "tree" gehört zu einem Container-Objekt. Mit dieser Rolle wird der gesamte Baum ausgezeichnet, vom ersten bis zum letzten Element. Jedes Element, ob Wurzel, Ast oder Blatt bekommt die Rolle "treeitem". Gruppen, welche Blöcke definieren, die Elemente auf der gleichen Ebene haben, werden der Rolle "group" zugeordnet.

Ein "treeitem" ist entweder auf- oder zugeklappt. Im zusammengeklappten Zustand sind die Kind-Elemente nicht zu sehen. Der Zustand von "treeitem" ist definiert über das Widget-Attribut "aria-expanded", welches den Wert "true" oder "false" haben kann. In diesem Beispiel wird dem Nutzer mitgeteilt, dass "Link 1" aufgeklappt ist und mittels des Relationship-Attributes "aria-labelledby" wird das id-Attribut, welches beschreibend ist, gespeichert.[116]

6.2.4 ARIA Schieberegler Beispiel

Wird ein Schieberegler (slider) mit einem Bildelement und adäquatem Alternativtext realisiert, so stehen dem Screenreader keine aussagekräftigen Informationen über Werte des Schiebereglers (slider) zur Verfügung. Mit einer ARIA Rolle und ARIA Eigenschaften kann ein slider widget mit für assistive Technologien wichtigen Informationen ausgestattet werden.

---

115 vgl. [Roth09]
116 vgl. [Roth09]

Folgendes Beispiel verdeutlicht dies:[117]

```
<div id="slider"
    role="slider"
    aria-labelledby="lslider"
    aria-valuemin="0"
    aria-valuemax="100"
    aria-valuenow="13"
    aria-valuetext="13 Prozent">
```

In diesem slider Beispiel wurde die Rolle "slider" und folgende ARIA Eigenschaften verwendet:

- aria-labelledby,
    - das ID Attribut des Textlabels wird gespeichert, welches eine adäquate Beschreibung sein sollte
- aria-valuemin,
    - der niedrichste Wert des Wertebereichs wird gespeichert
- valuemax,
    - der höchste Wert des Wertebereichs wird gespeichert
- valuenow,
    - der aktuelle Wert des Wertebereichs wird gespeichert
- valuetext.
    - Verständliche Informationen für den Nutzer werden gespeichert[118]

Die beiden Eigenschaften "aria-valuenow" und "aria-valuetext" des slider-widget können, wenn der Regler verändert wird, über JavaScript aktualisiert werden:

```
objThumb.setAttribute('aria-valuenow', iValue);
objThumb.setAttribute('aria-valuetext', iValue + '%');
```

---

117 vgl. [Walt08]
118 vgl. [Hill08]

6.2.5 Navigation über die Tastatur

Eine der wichtigsten Maßnahmen zur Gewährleistung der Zugänglichkeit ist, dass die Interaktion mit Interface Elementen allein mit der Tastatur gewährleistet wird. Mit HTML 4 wurde das tabindex-Attribut eingeführt, welches für die Elemente a, area, button, input, objekt, select und textarea gilt und einen positiven Wert zwischen 0 und 32767 akzeptiert.[119] Navigiert der Nutzer per tabindex, so startet die Navigation bei dem Element mit dem kleinsten Wert und durchläuft sie bis zum Element mit dem größtem Wert. Haben Elemente den Wert 0, so gilt die Reihenfolge, wie sie im Quelltext vorkommen und ist die Struktur des Markup von vornherein logisch aufgebaut, dann ist kein tabindex-Attribut erforderlich.[120] ARIA weitet das tabindex-Attribut aus, indem auch negative Werte gestattet sind, die in der Tab-Reihenfolge nicht auftauchen, aber wo der Fokus über Javascript oder die Tabulatortaste gesetzt werden kann.[121]

	fokussierbar	über Tabulator navigierbar
kein tabindex	nur Links oder Formular-Elemente können Fokus bekommen	nur Links oder Formular-Elemente können Fokus bekommen
tabindex="-1"	ja	nein, element.focus() für onkeydown-Event von Pfeil- und anderen Tasten muss programmiert werden
tabindex="0"	ja	ja
Positives tabindex, z.B. tabindex="10"	ja	ja

Tabelle 18: ARIA tabindex-Attribut

---

119 vgl. [Walt08]
120 vgl. [Walt08]
121 vgl. [Klie07]

6.2.6 ARIA Live-Regionen

Bei der Interaktion von Browsern und assistiven Technologien mit AJAX-Applikationen sind Live-Regionen sehr nützlich. Ohne dass dem Nutzer der Fokus verloren geht, informieren beispielsweise Elemente über Aktualisierungen von Regionen. Bisher war die Zugänglichkeit von sich aktualisierenden Widgets eine große Hürde für Nutzer von Screenreadern.

Die folgende Tabelle gibt einen Überblick über Eigenschaften und Werte von ARIA Live-Regionen:[122]

Eigenschaften	Werte	Beschreibung
Mit der aria-live Eigenschaft kann die Änderungswahrscheinlichkeit einer Region angegeben werden.		
aria-live	off	In dieser Region werden keine Änderungen erwartet.
	polite	Der Nutzer muss keine Antwort geben, wenn er seine aktuellen Aktivitäten noch nicht abgeschlossen hat.
	assertive	Hat eine höhere Priorität als polite. Der Nutzer wird aber nicht sofort in seiner Aktivität unterbrochen.
	rude	Hat die höchste Priorität. Der Nutzer wird in seiner Aktivität unterbrochen.
Die aria-atomic Eigenschaft wird dazu genutzt, um anzugeben, ob bei einer Aktualisierung der Region nur geänderte Teile oder der gesamte Inhalt der Region dem Nutzer übergeben werden sollen.		
aria-atomic	true	Gesamte Region wird dem Nutzer mitgeteilt.
	false	Geänderte teile werden dem Nutzer mitgeteilt.
Die aria-busy Eigenschaft vermeidet, dass assistive Hilfsmittel Veränderungen übergeben, bevor dir Aktualisierungen vollständig abgeschlossen sind.		
aria-busy	true	Wartet, bis alle Bereiche komplett geladen sind.
	false	Gibt Änderungen an den Nutzer weiter.
Die aria-relevant Eigenschaft gibt an, welche Änderungen in einer Region relevant sind.		
aria-relevant	additions	Knoten werden dem DOM hinzugefügt.
	removals	Knoten werden aus dem DOM entfernt.
	text	Text wurde hinzugefügt oder entfernt.
	all	Alle drei Eigenschaften (additions, removals, text) gelten für die Region.

Tabelle 19: Eigenschaften und Werte von ARIA Live-Regionen

---

[122] vgl. [Walt08]

Beispiel:

```
<ul aria-relevant="additions" aria-atomic="true" aria-live="polite">
```

Die gesamte Region wird dem Nutzer, sobald er mit seiner aktuellen Aktivität fertig ist, mitgeteilt, sofern Knoten in der Region hinzugefügt worden sind.[123]

6.3 Barrierefreies Flash

Im Internet ist Flash ein beliebtes und weit verbreitetes Format. Für die Darstellung interaktiver multimedialer Inhalte ist dieses Werkzeug unverzichtbar. In Bezug auf die Zugänglichkeit von Flash-Inhalten muss vor allem der zweckmäßige Einsatz betrachtet werden. So kann Multimedia zur Darstellung von Zusammenhängen oder zur Bereitstellung von Gebärdenvideos die Barrierefreiheit steigern, wo hingegen textorientierte Inhalte besser mit HTML dargestellt werden sollten. Mit Flash programmierte Webauftritte galten lange als unzugänglich bis mit der Version Flash MX und des Flash Players 6 Flash-Inhalte über die MSAA (Microsoft Active Accessibility) -Schnittstelle von Screenreadern auslesbar wurden.

Für die akustische Umsetzung von Flash-Inhalten verwenden Screenreader unterschiedliche Verfahren. Über entsprechende Anpassungen der Flashinhalte können Text- und Steuerungselemente zugänglich gemacht werden. So können beispielsweise Objekte mit Beschreibungen und einer Tabulatorreihenfolge versehen werden. Auf welche Weise und zu welchem Zeitpunkt der Screenreader Textelemente akustisch wiedergibt, kann jedoch nicht beeinflusst werden.[124]

In folgenden Kapiteln wird gezeigt, wie:

- die Tabulatorreihenfolge für zugängliche Objekte in ActionScript (eine Sprache, zur interaktiven Gestaltung von Flash) definiert wird,
- Übersicht über Komponenten und Klassen, welche nützlich für Eingabehilfen sind,
- Beispiel für ein Formular mit Flash,
- Einbinden von Flash in XHTML.

---
123 vgl. [Walt08]
124 vgl. [AdFDH]

6.3.1 Tabulatorreihenfolge für die Navigation per Tastatur erstellen

Tabulatorreihenfolgeindizes können per Tastatur über das Bedienfeld Eingabehilfen oder mit Hilfe von ActionScript für folgende Objekte erstellt werden:

- dynamischer Text,
- Eingabetext,
- Schaltflächen,
- Movieclips,
- Komponenten,
- Bildschirme.

In numerischer Reihenfolge wird der Tabulatorfokus zugewiesen. Erreicht der Tabulatorfokus den höchsten Tabulatorindex, bekommt der Fokus wieder die niedrigste Indexzahl. Über Ansicht → Tabulatorreihenfolge anzeigen kann die Prüfung erfolgen. Soll die Tabulatorreihenfolge in ActionScript definiert werden, müssen für alle in der Tabulatorreihenfolge enthaltenen Objekte Instanznamen angegeben werden. Damit Textfelder akustisch wiedergegeben werden können, müssen auch diese mit in die Tabulatorreihenfolge eingeschlossen werden. Nun wird, wie im Beispiel zu sehen, der Eigenschaft "tabIndex" eine Ordnungszahl zugewiesen, um die Tabulatorreihenfolge festzulegen:

```
_this.myOption1.btn.tabIndex = 1
_this.myOption2.txt.tabIndex = 2
```

Mit den Methoden tabChildren und tabEnabled können auch angepasste Tabulatorreihenfolgen zugewiesen werden.[125]

---

125 vgl. [AdFD]

6.3.2 Zugängliche ActionScript 3.0 - Komponenten

Die folgende Tabelle zeigt Klassen, welche für Eingabehilfen in Flash-Komponenten nützlich sind:[126]

Komponenten	Klasse	Beschreibung
	AccImpl	Basisklasse für die Implementierung von Eingabehilfen in Komponenten
Button	ButtonAccImpl	Ermöglicht Kommunikation zwischen Button-Komponente und Screenreader
CheckBox	CheckBoxAccImpl	Mit dieser Klasse werden Eingabehilfen für eine CheckBox-Komponente implementiert
ComboBox	ComboBoxAccImpl	Mit dieser Klasse wird eine ComboBox-Komponente zugänglich gemacht
DataGrid	DataGridAccImpl	Mit dieser Klasse werden Eingabehilfen für eine DataGrid-Komponente implementiert
LabelButton	LabelButtonAccImpl	Mit dieser Klasse werden Eingabehilfen für eine LabelButton-Komponente implementiert
List	ListAccImpl	Mit dieser Klasse werden Eingabehilfen für eine List-Komponente implementiert
RadioButton	RadioButtonAccImpl	Mit dieser Klasse werden Eingabehilfen für eine RadioButton-Komponente implementiert
SelectableList	SelectableListAccImpl	Mit dieser Klasse werden Eingabehilfen für eine SelectableList-Komponente implementiert
TileList	TileListAccImpl	Mit dieser Klasse wird eine TileList-Komponente zugänglich gemacht
UIComponent	UIComponentAccImpl	Mit dieser Klasse werden Eingabehilfen für eine UIComponent-Komponente implementiert

Tabelle 20: Komponenten und Klassen für Eingabehilfen

Für einen Screenreader müsste die Anweisung für ein zugängliches Kontrollkästchen dann lauten:[127]

```
import fl.accessibility.CheckBoxAccImpl;
CheckBoxAccImpl.enableAccessibility();
```

---

126 vgl. [AdKR07]
127 vgl. [AdAK08], S. 46

6.3.3 Beispiel für ein Flash-Formular

Die Funktionen nehmen den gleichen Weg auf einer Internetseite wie HTML. Das folgende Beispiel enthält vier Elemente: den Titel, zwei Eingabefelder und einen Button.

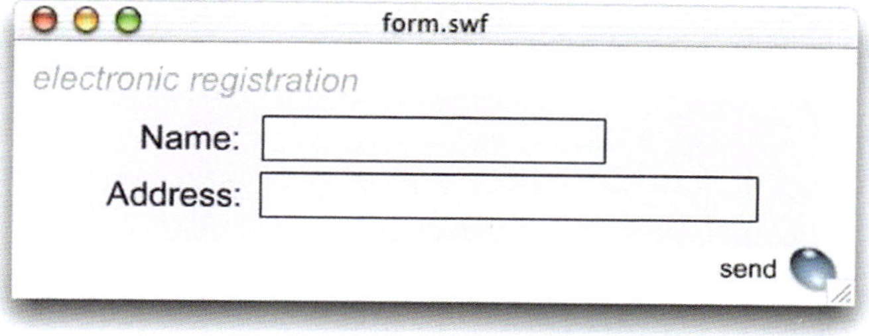

Abbildung 8: Beispiel für ein Flashformular

Ein Screenreader würde dieses Formular wie folgt lesen: "electronic registration. Textfield Name. Textfield Address. Button send". Das Wort "textfield" ist ein Aufruf, dass ein Feld ausgefüllt werden soll. Das Wort "button" ist ein Aufruf, dass sich ein Button auf der Internetseite befindet. Screenreader Nutzer sollen die Felder ausfüllen und den Button aktivieren, also den gleichen Weg nehmen, wie sie es von HTML her kennen.[128]

6.3.4 Einbinden von Flash in XHTML

Für die Einbindung von Flash Komponenten muss auf eine XHTML konforme Implementierung geachtet werden und damit XHTML-Elemente das Flash überlagern können, wird der Parameter "wmode" mit dem Attribut "transparent" verwendet:[129]

```
<!--XHTML konforme Implementierung-->
<object data="beispiel.swf" type="application/x-shockwave-flash"
width="600" height="400">
<param name="movie" value ="beispiel.swf">
<param name="quality" value ="high">
<param name="scale" value ="exactfit">
<param name="menu" value ="true">
<param name="bgcolor" value ="#ffffff">
<!--damit HTML-Elemente überlagern können-->
<param name="wmode" value ="transparent">
```

---

128 vgl. [AdFP09]
129 vgl. [Trög]

Der Parameter "wmode" besitzt neben "transparent" noch die Attribute:

- window → Standardeigenschaft von wmode, der Flashfilm läuft in einem eigenen rechteckigen Fenster mit der höchsten Animationsgeschwindigkeit ab,
- opaque → alle Objekte hinter dem Film werden verdeckt und mittels JavaScript kann der Flashfilm verschoben und seine Größe geändert werden.[130]

6.4 Barrierefreie PDF-Dokumente

Immer mehr PDF-Dokumente werden im Internet publiziert. Die meisten dieser PDF-Dokumente sind aber nicht barrierefrei. Das Dateiformat PDF hat es schon sehr weit gebracht und bietet immer wieder neue Aussichten. Von der Erweiterbarkeit, der Plattformunabhängigkeit, der Dateiintegrität bis hin zur Sicher- und Zuverlässigkeit ist mit PDF-Dokumenten alles möglich, auch Barrierefreiheit.[131]

Der Hauptgrund, dass PDF ein sehr beliebtes Format ist besteht darin, dass sie sich ganz leicht erstellen lassen. In vielen Büros von Organisationen und Unternehmen wird MS Word genutzt, um Texte zu generieren. Mit ein paar Klicks wird aus dem fertigen Word-Dokument ein PDF und diese finden dann schnell den Weg auf die Webseite. Sollen nun aber barrierefreie PDFs erzeugt werden, geht es an einen bestimmten Mehraufwand nicht vorbei und daher werden barrierefreie PDFs im Internet nur sehr selten gefunden.

Mit der Einführung von Tags ab der Acrobat-Version 5 wurde ein großer Schritt in Richtung Zugänglichkeit von PDF-Dokumenten gemacht. Nun konnten Screenreader die mit Strukturinformationen versehenen PDFs auswerten. Eine weitere Voraussetzung barrierefreie PDFs zu erstellen ist, dass man die Lesereihenfolge von PDFs festlegen kann, d.h. dem Screenreader wird vorgegeben, in welcher Reihenfolge er die Inhalte vorlesen soll. Auch können die Farben vom Benutzer für eine kontrastreichere Darstellung frei gewählt werden und es ist möglich die Schriftgröße anzupassen. Von Vorteil ist es auch, dass der Adobe Reader für Tastaturnutzer benutzbar ist, Menüs und Schaltflächen können ohne Maus bedient werden.[132]

---

130 vgl. [Macr06]
131 vgl. [Zufa]
132 vgl. [Wyat06]

6.4.1 Bedingungen an ein barrierefreies PDF

Für die Prüfung der Barrierefreiheit von informationsorientierten Webangeboten wurde Anfang 2004 der BITV-Test veröffentlicht. Die Anforderungen und Bedingungen der BITV bilden die Grundlage des Tests, der 52 Prüfschritte umfasst.

Die wichtigsten Bedingungen an barrierefreie PDFs sind im Prüfschritt 11.1.1 (Angemessene Formate) des BITV-Tests zu finden:

- ein PDF-Dokument muss getaggt sein,
- die Schriftvergrößerung (Umfließen – Funktion) muss möglich sein, d.h. die sinnvolle Reihenfolge muss erhalten bleiben,
- formale Mängel sollten von der Acrobat – Funktion „Vollständige Prüfung" nicht gefunden werden,
- die Inhalte in der Tag-Struktur müssen eine sinnvolle Reihenfolge haben,
- Bilder müssen mit sinnvollen Alternativtexten hinterlegt sein,
- Tabellen müssen korrekt ausgezeichnet sein,
- Lesezeichen müssen einen Überblick über die Inhalte des PDF und das Ansteuern von Abschnitten ermöglichen,
- die Inhalte müssen sinnvoll strukturiert sein (Überschriften mit H1 bis H6, Absätze mit P, Listen mit L, LBody und LI),
- die Hauptsprache des Dokuments muss angegeben werden.[133]

Im Prüfschritt 13.1.2 des BITV-Tests heißt es, dass über das Dateiformat im Linktext oder im title-Text Auskunft gegeben werden muss.[134]

Geeignet wäre hier folgendes Beispiel: Abschlussbericht (PDF, 1.2MB).

---

133 vgl. [BIKP07]
134 vgl. [BITe07]

6.4.2 Tags und Dokumentstruktur als Fundament

Benutzer, die Hilfstechnologien verwenden müssen, brauchen PDF-Dokumente die gewissenhaft strukturiert und mit Tags versehen sind, um diese leicht lesen und navigieren zu können. Der Inhalt eines Dokuments muss eine logische Reihenfolge haben, damit beispielsweise ein Screenreader Spalte 2 vor Spalte 3 lesen kann oder unwichtiger Inhalt wie Kopf- und Fußzeilen ignoriert werden.

Abhängig sind die Funktionen der Hilfstechnologien vom Markup-System, welches die Dokumentenstruktur übermittelt. Ähnlich dem HTML- oder XML-System, wo man am Bildschirm Text- und Grafikelemente in einer logischen Reihenfolge präsentiert bekommt, arbeitet das Markup-System in der Kennzeichnung mit Tags. Anhand dieser Tags wird die Dokumentenstruktur eines PDF-Dokuments beschrieben, damit Benutzer von Hilfstechnologien die Inhalte fehlerlos präsentiert bekommen.[135]

In einem PDF-Dokument wird durch Hinzufügen von Tags ein Tag-Baum erstellt, welcher Elemente wie Titel, Haupttext, Verknüpfungen, Aufzählungen, Zahlen und Bildunterschriften darstellt. In welcher Reihenfolge die Hilfstechnologie vorlesen soll, welche Elemente ignoriert werden können und welche als Sonderelemente (z.B. Diagramme, Tabellen) deklariert sind wird anhand von Tags mitgeteilt.[136]

Ob ein PDF-Dokument getaggt ist, kann festgestellt werden, indem der Status überprüft wird:

1. Dazu öffnen Sie das PDF-Dokument in Acrobat 9 Pro,
2. Wählen Sie „Datei" > „Eigenschaften",
3. Auf der Registerkarte „Beschreibung" unter „Erweitert" steht bei „PDF mit Tags" ein Ja, wenn die Datei bereits getaggt ist.

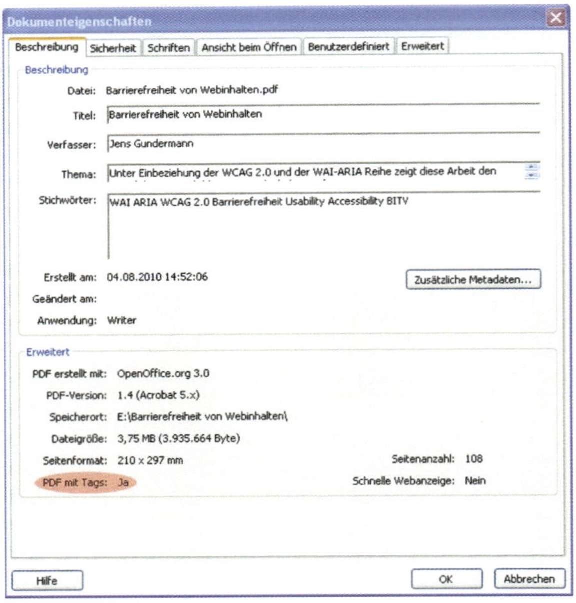

Abbildung 9: Screenshot - des Fensters Dokumenteigenschaften in Acrobat 9

---

135 vgl. [DoFr09], S.161
136 vgl. [AdSy05], S. 9

Tags in einem PDF-Dokument lassen sich anzeigen, indem man den Tag-Baum öffnet. In Adobe Acrobat 9.0 Pro geht man wie folgt vor:[137]

1. Öffnen Sie hierzu ein mit Tags versehenes PDF-Dokument.
2. Wählen Sie „Anzeige" > „Navigationsfenster" > „Tags".

In hierarchischer Struktur sind die Informationen im Tag-Baum geordnet. Dabei geben spitze Klammern den Typ des Tags an.[138]

Damit Elemente richtig kombiniert und Tags nicht falsch zugeordnet werden, sodass die Lesereihenfolge im PDF-Dokument richtig erkannt wird, sollte ein PDF-Dokument direkt aus einer Authoring-Anwendung generiert werden, welche das Kennzeichnen mit Tags in PDF unterstützt. Die Authoring-Anwendung kann Informationen aus den Absatzformaten ziehen, damit ein Tag-Baum entsteht, welcher entsprechende Tag-Ebenen abbildet. Bei komplexen Layouts ist aber eine Nacharbeitung mit Adobe Acrobat Professional meist unumgänglich, da Abbildungen und Seitenelemente, wie zum Beispiel Rahmen, Linien oder Hintergrundelemenete schwer zu unterscheiden sind und so der Tag-Baum schnell unübersichtlich und die Lesereihenfolge für Hilfstechnologien schwer verständlich werden kann.[139]

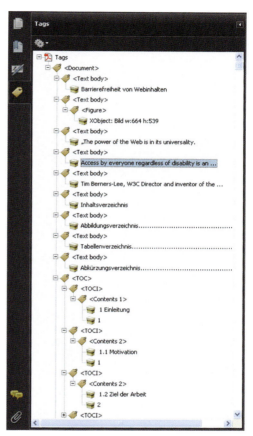

Abbildung 10: Screenshot des Tag-Baumes in Acrobat 9

---

137 vgl. [DoFr09], S.167
138 vgl. [AdSy05], S.10
139 vgl. [AdSy05], S.16ff

6.4.3 Prüfung von barrierefreien PDF-Dokumenten

Im folgenden Abschnitt wird auf Werkzeuge verwiesen, mit denen der Grad der Barierefreiheit geprüft werden kann. Diese Werkzeuge weisen zum Beispiel auf Probleme mit nicht zugänglichen Schriftarten, fehlenden Alternativtexten oder einer falschen Lesereihenfolge hin.

Adobe Acrobat 9.0 Pro stellt eine vollständige Ausgabehilfeprüfung zur Verfügung, in der verschiedene Prüfungsoptionen gewählt werden können.

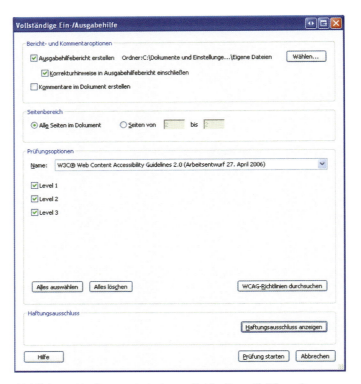

Abbildung 11: Screenshot der vollständigen Prüfung in Acrobat 9

Ein weiteres wichtiges Werkzeug ist das TouchUp-Leserichtungswerkzeug, mit welchem die Lesereihenfolge geprüft sowie eine falsche Reihenfolge und Tag-Fehler korrigiert werden können. Weitere Vorteile des TouchUp-Leserichtungswerkzeuges sind:[140]

- Erstellen der richtigen Tags und der zugehörigen Beschriftungen für ausfüllbare Formularfelder,

---
140 vgl. [DoFr09], S.173

- Einfügen von Alternativtext zu grafischen Elementen,
- Beseitigen von Tag-Problemen bei Tabellen.

Soll die Lesereihenfolge einer Seite verändert werden, so kann dies entweder über die Hervorhebungsbereiche dieser Seite geschehen, welche mit dem TouchUp-Leserichtungswerkzeug bearbeitet werden oder über die Einträge der Registerkarte „Reihenfolge", welche man neu ordnen, löschen oder hinzufügen kann.

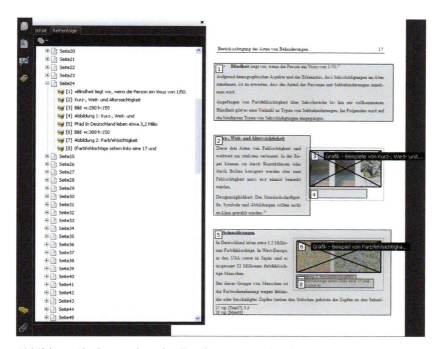

Abbildung 12: Screenshot der TouchUp-Lesereihenfolge

Verwendet man unterschiedliche Textgrundlinien, kann es dazu führen, dass sehr viele Hervorhebungsbereiche auf einer Seite erstellt werden. Dies sagt aber nichts über die Komplexität oder Barrierefreiheit aus. Es müssen nur zwei Sachen geprüft werden:[141]

1. Die Reihenfolge von Text und Bildern sollte passend gruppiert sein,
2. Die Hervorhebungsbereiche sollten sequenziell in der entsprechenden Lesereihenfolge nummeriert sein.

---

141 vgl. [DoFr09], S.174

Es besteht aber keine 1:1 Zuordnung zwischen den Tags im Tag-Baum und den Hervorhebungsbereichen auf der Seite sowie den Einträgen in der Registerkarte „Reihenfolge". Eine Vielzahl von Tags können dem Inhalt entsprechen, der durch einen Hervorhebungsbereich bzw. einen Eintrag in der Registerkarte „Reihenfolge" dargestellt wird. Man kann viele Fehler der Lesereihenfolge korrigieren, wenn man weiß, wie das Tag eines Hervorhebungsbereichs, Textes oder Objekts geändert wird. Mit Hilfe des TochUp-Leserichtungswerkzeuges kann man sich folgender Tag-Arten bedienen:

- Text,
- Abbildung,
- Abbildung/Bildunterschrift,
- Formularfeld,
- Überschrift1 , Überschrift 2, Überschrift 3,
- Tabelle,
- Zelle,
- Formel,
- Hintergrund.

Oft werden Elemente verwendet, die die Seite optisch aufwerten, aber nichts mit dem eigentlichen Inhalt zu tun haben. Daher reicht es für Screenreader-Nutzer meist aus, nur Textteile und Abbildungen mit Tags zu versehen, die für die Aussage des Dokuments von Bedeutung sind. Auf alle anderen entbehrlichen Elemente kann das Hintergrund-Tag angewendet werden, um diese aus der Lesereihenfolge zu entfernen.[142]

---

[142] vgl. [AdSy05], S.63ff

6.4.4 Zusätzliche Funktionen für die Barrierefreiheit

Navigation

Benutzer mit Behinderungen können in PDF-Dokumenten mit der Tastatur in logischer Reihenfolge zwischen Aktionselementen navigieren, wenn in diesen Dokumenten die Tab-Reihenfolge festgelegt ist. Die Tab-Reihenfolge bezieht sich auf eingebettete Verknüpfungen, URLs, Kommentare und Formularfelder. Sie kann aus dem Tag-Baum eines barrierefreien PDF-Dokuments generiert werden und eine sequentielle Navigation durch die Seiten sicherstellen.

Anhand von Lesezeichen können Benutzer besser durch ein Dokument navigieren. Wesentlich erleichtern kann man es sehbehinderten Benutzern, indem man für übergeordnete Lesezeichen verschiedene Schriftarten und Farben wählt.

Verknüpfungen erleichtern den Weg zu anderen bedeutungsvollen Teilen und Inhalten des Dokuments oder zu einer Webseite. Sie steigern die Barrierefreiheit, da das Suchen nach bestimmten Bezugspunkten entfällt und die Benutzer geradewegs zu einer bestimmten Stelle wechseln können. Auch hier gilt es, den Alternativtext nicht zu vergessen, um den Sinngehalt der Verknüpfung für Screenreader-Benutzer darzulegen.[143]

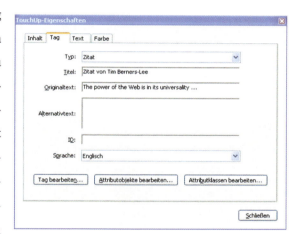

Abbildung 13: Screenshot des Fensters TouchUp-Eigenschaften

Spracheinstellung

In Adobe Acrobat 9 Pro sollte man auf der Registerkarte „Erweitert" im Dialogfeld „Dokumenteigenschaften" die Dokumentsprache für das PDF festlegen, um die Lesbarkeit und Barrierefreiheit zu erhöhen. Man hat eine Auswahl aus 32 Sprachen, kann allerdings auch den ISO-639-Code der Sprache eingeben, sollte die Sprache nicht vorhanden

---

143 vgl. [DoFr09], S.174

sein. Wenn mehrere Sprachen im Dokument vorkommen, so muss man im Tag-Baum die Absätze oder Wörter dementsprechend markieren und der anderen Sprache zuordnen, sodass Hilfstechnologien den Text in der anderen Sprache genauso vorlesen können.[144]

Sicherheitseinstellung

Um Festzulegen, dass kein Teil des barrierefreien PDF-Dokuments kommentiert, kopiert, extrahiert oder bearbeitet werden darf, kann man die Sicherheitseinstellung in Acrobat 9 Pro auf der Registerkarte "Sicherheit" im Dialogfeld "Dokumenteigenschaften" wählen. Jedoch sollte man darauf achten, dass Screenreader Dokumente, die das Kopieren einschränken, nicht richtig lesen können, da der „...Vorlesevorgang dem Kopieren des Textes zwecks Wiedergabe entspricht".[145]

Acrobat 9 Pro bietet eine Option an, die für Screenreader-Benutzer wichtig ist, damit Hilfstechnologien, wie Screenreader auf den Inhalt zugreifen können. Auf der Registerkarte "Sicherheit" im Sicherheitssystem "Kennwortschutz" kann man unter "Berechtigungen" den Textzugriff für Bildschirmlesehilfen für Sehbehinderte aktivieren.[146]

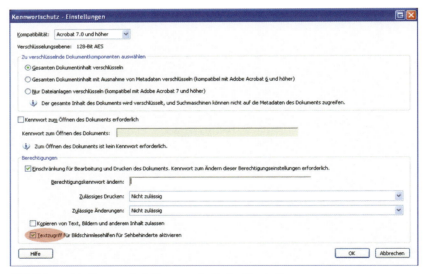

Abbildung 14: Screenshot Kennwortschutz-Einstellungen

---

144 vgl. [AdSy05], S.95
145 vgl. [AdSy05], S.102
146 vgl. [AdSy05], S. 97ff

6.4.5 Ausblick

An Acrobat Pro kommt man nicht vorbei, wenn es um die Gestaltung und vor allem Prüfung von barrierefreien PDFs geht. In Word 2007 und OpenOffice 3.x werden vereinzelte Tags nicht sauber erzeugt, vor allem bei Listen. Bei gestalteten Dokumenten aus InDesign heraus, kann man die Tags mitliefern lassen, muss aber auch hier mit Acrobat Pro nacharbeiten.

Eine große Hilfe ist natürlich, wenn das Ausgangsdokument sinnvoll mit Überschriften, Absätzen, Listen etc. durchstrukturiert wurde, denn keine Software kann aus einem Dokument ohne Struktur vollautomatisch ein barrierefreies PDF erzeugen.

Auch in Zukunft wird man daher an der Prüfung und Nachbearbeitung, gerade bei gestalteten Dokumenten, nicht vorbeikommen.

7 Prüfung barrierefreier Webinhalte

7.1 Browser-Tests

Die für Internetangebote verwendeten Browser unterscheiden sich sehr in ihrem technischen Entwicklungsstand. Häufig kommt es vor, dass ältere Varianten von Browsern genutzt werden. Webentwickler sollten Internetangebote nach Zugänglichkeitskriterien gestalten, welche in verschiedenen Browsern nutzbar sind. Da es aus Zeit- sowie Kostengründen aber kaum möglich ist, Webangebote für alle Browser exakt zu optimieren, heißt es in der Barrierefreie Informationstechnik-Verordnung (BITV) wie folgt:

> „Die Sicherstellung der Verwendbarkeit assistiver Technologien und Browser ist insbesondere dann unverhältnismäßig, wenn die assistiven Technologien und Browser älter als drei Jahre sind und der Verbreitungsgrad in der einschlägigen Benutzergruppe unter 5% liegt."[147]

Je nach Benutzergruppe und Software (Webformator nur für Internet Explorer) kann der Verbreitungsgrad der einzelnen Browser stark schwanken (siehe Abschnitt 4.1.2).

7.2 Dienste / Werkzeuge zum Testen

BITV-Test

Der BITV-Test wurde im Jahr 2004 vom Projekt BIK (Barrierefrei Informieren und Kommunizieren) zur "Prüfung der Barrierefreiheit von informationsorientierten Webangeboten"[148] entwickelt. Die Anforderungen und Bedingungen der BITV bilden die Basis des Tests, in dem beide Prioritätsstufen abgedeckt wurden. Außerdem bildet der Test die Grundlage für die Agenturliste 95plus, in welcher Dienstleister aufgelistet sind, die barrierefreie Internetseiten entwickeln können.

Der Test besteht aus 52 Prüfschritten, welche detaillierte Erläuterungen beinhalten. Die einzelnen Prüfschritte sind mit Punkten von 1 bis 3 gewichtet und können ein maximales Ergebnis von 100 Punkten erreichen. Dabei gelten Webangebote von 90 bis 95 Punk-

---
147 [BMAS06]
148 [BIKB06]

ten als "gut zugänglich" und über 95 Punkte als "sehr gut zugänglich".[149]

Getestet werden alle Anforderungen an Barrierefreiheit, auf die sich die BITV bezieht. Die Tabelle 5.1 macht deutlich, zu welchen Zugänglichkeitsanforderungen wie viele Prüfschritte gehören und welcher Nutzen dahinter steht.[150]

Nutzen	Anforderungen	Prüfschritte
Vorlesbar für blinde Menschen	Verwendbare Textalternativen für Bilder; geradlinige Informationsabfolge; Sprachauszeichnung	11
Klare und flexible Darstellung für sehbehinderte Menschen	Informationen sollen unabhängig ihrer farblichen Gestaltung verfügbar sein; das Layout / Schriftgröße soll variabel sein	8
komplette Bedienbarkeit für motorisch behinderte Menschen	Webinhalte sollen alternativ zur Maus auch uneingeschränkt mit der Tastatur bedient werden können	3
Sicherstellung der Einsetzbarkeit von assistiven Hilfsmitteln	Standards sollen eingehalten werden, da viele Hilfsmittel nicht fähig sind, Formate zu unterstützen	5
Darstellung nach eigenen Bedürfnissen anpassen	Trennung von Inhalt und Darstellung	9
Einfache Nutzbarkeit	Keine sinnlosen Fähigkeiten an die Hardware oder den Benutzer stellen; klarer Aufbau; Anzeige des aktuellen Bereiches	8
Freie Auswahl der Inhalte	Vermeiden von sich automatisch wechselnden oder sich bewegenden Inhalten	6
Verständlichkeit	Einfach geschriebene und klar gegliederte Texte; Erklärungen für verwendete Fachwörter	1

Tabelle 21: Nutzen von barrierefreien Internetseiten

Die Bedingungen für barrierefreie Webinhalte erfordern von Grafikern, Redakteuren und Webentwicklern ein spezielles Bewusstsein für die Bedürfnisse von Menschen mit Behinderung. In Ausschreibungen haben Bund und Länder festgehalten, dass die erstell-

---
149 vgl. [BIKB06]
150 vgl. [WaKa06]

ten Angebote im BITV-Test nicht unter 90 Punkten liegen dürfen.[151]

Firefox Accessibility Extension

Für Menschen mit Behinderungen ist die Firefox Accessibility Extension ein nützliches Werkzeug, da sie die Anzeige und Navigation von Internetseiten erleichtert. Webentwickler hingegen können mit diesem Firefox Addon die Barrierefreiheit von ihren Webangeboten testen. Über eine Toolbar kann über Navigationsbefehle verfügt, Formatvorlagen eingeschaltet oder auf Validierungswerkzeuge zugegriffen werden. Außerdem unterstützt die Firefox Accessibility Extension ARIA.[152]

Web Accessibility Evaluation Tool (Wave)

Das Web Accessibility Evaluation Tool (Wave) ist ein freies Werkzeug, um die Barrierefreiheit von Webseiten zu testen und wurde von WebAIM (Web Accessibility in Mind) entwickelt. Über die Eingabe einer URL oder das Hochladen einer Datei kann Wave benutzt werden. Die Wave Toolbar, welche verschiedenen Browsern zur Verfügung steht, ist ein weiterer Weg Webseiten zu testen. Mit Hilfe von Piktogrammen und Linien werden Elemente, Fehler und Warnungen markiert und Lösungswege für die entsprechende Richtlinie aufgezeigt.[153]

Abbildung 15: Web Accessibility Evaluation Toolbar

Web Accessibility Test (TAW)

Wie auch Wave ist der Web Accessibility Test (TAW) ein kostenloses Werkzeug, mit welchem Websites auf Barrierefreiheit analysiert werden können. Dabei werden die Prüfpunkte der WCAG 1.0 durchlaufen, die keine manuellen Prüfungen erfordern und der Nutzer kann festlegen, ob nur eine URL oder die gesamte Domain geprüft werden soll. Das Ergebnis wird, je nach eingestelltem Level der WCAG 1.0 (A, AA, AAA), als Protokoll übersichtlich angezeigt.[154]

---

151 vgl. [Warn06]
152 vgl. [WebF08]
153 vgl. [WAVE09]
154 vgl. [TAW3]

Colour Contrast Check

Das Farb-Kontrast Werkzeug erlaubt die Eingabe der Vorder- und Hintergrundfarbe und ermittelt daraus, ob Menschen mit Sehschwächen ausreichend Kontrast geboten wird. Mittels der Schwellenwerte "Brightness Difference: (>= 125)" und "Colour Difference: (>= 500)" wird darauf hingewiesen, wie WCAG 2.0 konform die beiden Farben miteinander harmonieren. Außerdem wird angezeigt, ob die Farben zu einer Schriftgröße unter 18pt oder einer über 18pt konform sind und ob das Kontrast-Verhältnis bei den verschiedenen Schriftgrößen AA oder AAA konform ist.[155]

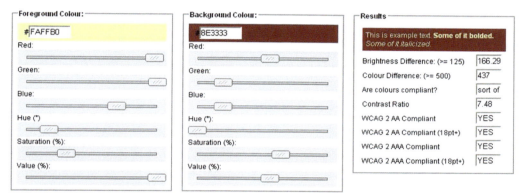

Abbildung 16: Colour Contrast Check

Colorblind Web Page Filter

Mit der Eingabe einer URL und der Auswahl eines Filters für Sehschwächen können Entwickler Internetseiten testen, um einen Eindruck zu bekommen, wie Menschen mit unterschiedlichen Sehbehinderungen Inhalte wahrnehmen. Zusätzlich können weitere Grafik-Filter und CSS-Filter ausgewählt werden.[156]

7.3 Validatoren

Um barrierefreie Webangebote voranzutreiben hat das W3C Validatoren entwickelt, welche XHTML- und CSS-Dateien überprüfen. Mittels des W3C Markup Validation

---

155 vgl. [CoCo09]
156 vgl. [CWPF]

Service kann zum Beispiel die "Trennung von Struktur und Darstellung sowie eine semantisch korrekte Auszeichnung aller Elemente"[157] von Internetseiten geprüft werden. Entsprechen die getesteten Webseiten nicht der Konformität der W3C Richtlinien, werden die Stellen mit den Fehlern rot unterstrichen markiert und Hinweise zur Vermeidung des Fehlers aufgezeigt. Ähnlich dem W3C Markup Validation Service funktioniert der W3C CSS Validation Service für die Prüfung von CSS-Dokumenten. Über die Eingabe von CSS-Code, die Angabe einer URL oder das Hochladen eines CSS-Dokumentes ist die Validierungs-Prüfung möglich. Bei einer bestandenen Prüfung kann dies für Besucher durch folgende Grafiken deutlich gemacht werden.[158]

Abbildung 17: W3C Konformitätslogo XHTML

Abbildung 18: W3C Konformitätslogo CSS

---

157 [MüGl09]
158 vgl. [MüVa08]

8 Fazit und Ausblick

Die Barrierefreiheit ist im Internet und in der Gesetzgebung im stetigen Wandel. Die internationalen Richtlinien der Web Accessibility Initiative (WAI) bringen nicht nur Vorteile für Menschen mit Behinderungen, sondern unterstützen mit ihren Empfehlungen für klare Strukturen, verständliche Navigationen und lesbare Inhalte auch den Zugang für ältere Menschen, Neueinsteiger und Migranten. Durch Webdesigner und die Web Content Accessibility Guidelines 2.0 (WCAG 2.0) können aber nicht alle Zugänglichkeitsprobleme gelöst werden. Von Bedeutung ist daher auch die Umsetzung der User Agent Accessibility Guidelines (UAAG), welche die Zugänglichkeit von Browsern definieren sowie die Umsetzung der Authoring Tool Accessibility Guidelines (ATAG), welche die Zugänglichkeit von Autorensystemen und Entwicklungssoftware beschreiben. Aus diesem Grund ist es Aufgabe des Staates in Bezug auf die Richtlinien der WAI mehr zu fördern aber auch zu fordern.

Aufgrund der eingeschränkten Möglichkeiten von XHTML sind wir zu Zeiten von Web 2.0 Anwendungen auf neue Technologien und Standards angewiesen, um barrierefreie Webangebote zu schaffen oder aber Usability-Probleme zu lösen. Hier setzt die ARIA-Reihe an, indem sie Wege schafft, welche für die Kommunikation mit assistiven Hilfsmitteln von Bedeutung sind. ARIA wurde vom W3C noch nicht verabschiedet, wird aber schon von modernen Browsern und Screenreadern unterstützt, so dass man für die Zugänglichkeit von Webseiten ARIA sofort einsetzen kann.

Mit Barrierefreiheit setzt man auf den richtigen Prozess. Es wird nicht nur eine größere Zielgruppe angesprochen, man betreibt auch nachhaltige Qualitätssicherung, setzt einen positiven Image Transfer in Gang und die Webinhalte können auch vom Handy oder Navigationsgerät aus aufgerufen werden.

Literaturverzeichnis

Buchquellen:

[Aren08]

    Arens, Robert: Aspekte des barrierefreien Betriebs von TYPO3 mit dem Schwerpunkt der Pflege von Inhalten. Grin Verlag. (2008).

[BeGi02]

    Beier Markus, von Gizycki Vittoria: Usability – Nutzerfreundliches Web-Design. Springer-Verlag. Berlin. (2002).

[DoFr09]

    Dopatka Frank: Acrobat 9 im Praxiseinsatz. Data Becker. (2009).

[Gesu06]

    Gesundheitsberichterstattung des Bundes: Gesundheit in Deutschland. Robert Koch-Institut. Berlin. (2006).

[GRGE07]

    Grundgesetz. DTV-Beck. (2007).

[Hoff08]

    Hoffmann, Manuela: Modernes Webdesign – Gestaltungsprinzipien, Webstandards, Praxis. Galileo Press. Bonn. (2008).

[Inte98]

    International Organisation for Standardization: DIN ISO 9241-11. (1998).

[Jend06]

    Jendryschik, Michael: Einführung in XHTML, CSS und Webdesign. Addison-Wesley. München. (2006).

[Neum07]

    Neumann, Bettina: Usability im World Wide Web. VDM Verlag Dr. Müller.

Saarbrücken. (2007).

[RaCh06]

Radtke Angie, Charlier Michael: Barrierefreies Webdesign. Addison-Wesley Verlag. München. (2006).

[Tinn07]

Tinnes Judith: Informationszugang für Blinde und Sehbehinderte. VDM Verlag Dr. Müller. Saarbrücken. (2007).

[Walt05]

Walthes, Renate: Einführung in die Blinden- und Sehbehindertenpädagogik. Ernst Reinhardt Verlag. (2005).

[Weis04]

Weist, Daniel: Accessibility – Barrierefreies Internet: Hintergründe, Technik, Lösungen für Menschen mit Behinderungen. VDM Verlag Dr.Müller. Saarbrücken. (2004).

Internetquellen:

[Abi1]

AbilityNetGate: Augensteuerungen.

http://abilitynet.wetpaint.com/page/Augensteuerung, Abruf am 2009-05-31.

[Abou08]

Shadi Abou-Zahra: Web-Entwicklung mit WCAG 2.0. (2008).

http://atag.accessiblemedia.at/programm/view/8, Abruf am 2009-04-04.

[ACFA]

Access for all: Empfehlung für die Belegung von Accesskey in Websites.

http://www.access-for-all.ch/download/Accesskey.pdf, Abruf am 2009-05-21.

[AdAK08]

Adobe Systems: Verwenden von Adobe ActionScript 3.0 Komponenten. (2008).

http://help.adobe.com/de_DE/ActionScript/3.0_UsingComponentsAS3,

Abruf am 2009-06-04.

[AdFDH]

Adobe Systems: Flash Documentation: Hintergrundinformationen zu Bild schirmleseprogrammen.

http://livedocs.adobe.com/flash/8_de/main/wwhelp/wwhimpl/common/html/wwhelp.htm?context=LiveDocs_Parts&file=00000897.html,

Abruf am 2009-06-22.

[AdFDT]

Adobe Systems: Flash Documentation: Tabulatorreihenfolge für zugängliche Objekte in ActionScript definieren.

http://livedocs.adobe.com/flash/8_de/main/wwhelp/wwhimpl/common/ html/wwhelp.htm?context=LiveDocs_Parts&file=00000897.html,

Abruf am 2009-06-22.

[AdFP09]

Adobe Systems: Adobe Flash Player 10 accessibility overview. (2009).

http://www.adobe.com/accessibility/products/flashplayer/overview.html,

Abruf am 2009-06-04.

[AdKR07]

Adobe Systems: Komponenten-Referenzhandbuch für ActionScript 3.0: fl.acces sibility. (2007).

http://livedocs.adobe.com/flash/9.0_de/ActionScriptLangRefV3/fl/accessibility/package-detail.html, Abruf am 2009-06-04.

[AdSy05]

Adobe Systems: Handbuch zur Veröffentlichung von PDF-Dokumenten für Benutzer mit Behinderungen. (2005).

www.access-for-all.ch/download/BRO_HowTo_PDFs_Barrierefrei_DE_2005_

09_PW.pdf, Abruf am 2009-03-02.

[Beye08]

Beyer Detlef: WCAG 2.0: Neu und anders. (2008).

http://www.medienkonzepte.de/news/wcag_20-neue-richtlinien.html,

Abruf am 2009-03-17.

[BIKB06]

BIK: Über den BITV-Test. (2006).

http://www.bitvtest.de/bitv-test.php, Abruf am 2009-06-11.

[BIKJ]

BIK – barrierefrei informieren und kommunizieren: Teil 6: JavaScript.

http://www.bik-online.info/info/pruefung/wcag2/javascript.php,

Abruf am 2009-05-23.

[BIKV]

BIK – barrierefrei informieren und kommunizieren: Teil 1: Vorstellung der WCAG 2.0.

http://www.bik-online.info/info/pruefung/wcag2/vorstellung.php,

Abruf am 2009-05-23.

[BITe07]

BITV – Test: Verzeichnis der Prüfschritte: Prüfschritt 11.1.1. (2007).

http://www.bitvtest.de/index.php?a=di&iid=1108, Abruf am 2009-03-14.

[BMAS06]

Bundesministerium für Arbeit und Soziales: Begründung zur BITV. (2006).

http://www.bmas.de/coremedia/generator/5838/begruendung__zur__bitv.html,

Abruf am 2009-06-09.

[Bohm04]

Bohman Paul: We still know too little, and we do even less. (2004).

http://www.einfach-fuer-alle.de/artikel/kognitive-behinderungen, Abruf am 2009-05-17.

[BuJu02]

Bundesministerium der Justiz: Verordnung zur Schaffung barrierefreier Informationstechnik nach dem Behindertengleichstellungsgesetz (Barrierefreie Informationstechnik-Verordnung - BITV). (2002).

http://bundesrecht.juris.de/bitv/BJNR265400002.html, Abruf am 2009-04-12.

[Bund02]

Bundesministerium der Justiz: Gesetz zur Gleichstellung behinderter Menschen. (2002).

http://www.gesetze-im-internet.de/bgg/BJNR146800002.html, 2002-04-02, Abruf am 2009-03-13.

[Casp07]

Caspers Thomas: Das Web zum Mitmachen: Barrieren in der Praxis. (2007).

http://www.freak-radio.at/cgi-bin/freak.cgi?id=fn00153&p=a, Abruf am 2009-03-12.

[CoCo09]

Colour Contrast Check. (2009).

http://www.snook.ca/technical/colour_contrast/colour.html, Abruf am 2009-06-09.

[CWPF]

Colorblind Web Page Filter.

http://colorfilter.wickline.org, Abruf am 2009-06-11.

[DGBu04]

Deutscher Gehörlosen-Bund e.V.: „Barrierefreie Informationstechnik-Verordnung" (BITV) – Rechtsverordnung zu §11 Behindertengleichstellungsgesetz. (2004).

http://www.gehoerlosen-bund.de/download/pdf/stellungnahme_bitv.pdf, Abruf am 16-05-2009.

[DZKF]

Deutsche Zeitschrift für klinische Forschung – Retinis Pigmentosa, Makuladegeneration – Neue Hoffnung für Blinde. (2008)

http://www.dzkfblog.de/2008/03/11/retinitis-pigmentosa-makuladegeneration-neue-hoffnung-fuer-blinde, Abruf am 2009-03-15.

[ECMP]

Das Enterprise Content Management Portal: Authoring Tool Accessibility Guidelines (ATAG).

http://www.jdk.de/de/cms/wcm-cms-web-content-management/barrierefreiheit/richtlinien-atag.html, Abruf am 2009-04-17.

[EdWi]

Edinger Heike, Wirth Timo: ROI oder Vorsprung durch Webstandards. http://www.vorsprungdurchwebstandards.de/usability_webstandards_und_barrierefreies_internet.html, Abruf am 2009-04-23.

[EfaA07]

Einfach für Alle: BITV Reloaded – Anforderung 9: Bedingung 9.5: Accesskeys. (2007).

http://www.einfach-fuer-alle.de/artikel/bitv-reloaded/anforderung-9/bedingung-9.5, Abruf am 2009-05-21.

[Fark08]

Farkas Alexander: Wai-Aria Grundlagen. (2008).

http://www.protofunc.com/2008/06/23/aria-grundlagen, Abruf am 2009-04-24.

[Faul09]

Faulkner Steve: ARIA Landmark role tests – Firefox 3 & Internet Explorer 8 + Assistive Technology. (2009).

http://www.paciellogroup.com/blog/misc/landmarks.html, Abruf am 2009-05-27.

[Gerl]

Gerling Nina: Farben auf barrierefreien Webseiten.

http://www.pro-barrierefreiheit.de/entwickler/layout/farben,

Abruf am 2009-04-02.

[HaPa08]

Haine Paul: Typography on the web. (2008).

http://dev.opera.com/articles/view/11-typography-on-the-web.

Abruf am 2009-06-21.

[Hegn05]

Hegner Marcus: Gestaltung barrierefreier Webseiten. Gesis – Leibniz-Institut für Sozialwissenschaften.

http://www.gesis.org/forschung-lehre/gesis-publikationen/gesis-reihen/

gesis-arbeitsberichte/archiv/iz-arbeitsberichte/abstracts/?L=#c2970,

Abruf am 2009-04-21.

[Hein04]

Hein Ansgar: ATAG, WCAG und weiter. (2004)

http://www.barrierekompass.de/weblog/index.php?itemid=268,

Abruf am 2009-03-12

[HellPF]

Hellbusch Jan Eric: Problemfelder von Web-Accessibility.

http://www.barrierefreies-webdesign.de/spezial/problemfelder/gegenueberstel ung.php, Abruf am 2009-04.01.

[HellPr]

Hellbusch Jan Eric: Die vier Prinzipien der Web Content Accessibility Guideli nes 2.0.

http://www.barrierefreies-webdesign.de/wcag2/index.html,

Abruf am 2009-05-22.

[HellZu]

Hellbusch Jan Eric: Das Web und die Zugänglichkeit.

http://www.barrierefreies-webdesign.de, Abruf am 2009-03-12.

[Hill08]

Hillen Hans: ARIA Slider, Part 1. (2008).

http://www.paciellogroup.com/blog/?p=68, Abruf am 2009-05-31.

[Hofm08]

Hofmann Britta: Einführung in die ISO 9241-110.

http://fit4use.webaffairs.de/archiv/einfuehrung-in-die-iso-9241-110, 2008-02-13, Abruf am 2009-04-18.

[InCo]

incobs – Informationspool Computerhilfsmittel für Blinde und Sehbehinderte: Was ist der Brailledrucker?

http://www.incobs.de/produktinfos/brailledrucker/beschreibung.php,

Abruf am 2009-06-02.

[Kais08]

Kaiser Christoph: Screenreader und so – Barrierefreie Webtechnik für Anfänger.

http://www.c21.at/online/blog/blog-3-barrierefreies-internet/screenreader,

2008-11-27, Abruf am 2009-05-21.

[Klie07]

Kliehm Martin: Barrierefreie Web 2.0 Anwendungen mit WAI ARIA. (2007).

http://www.barrierekompass.de/weblog/index.php?itemid=541,

Abruf am 2009-05-31.

[Klie08]

Kliehm Martin: Accessible Rich Internet Applications (ARIA) in der Praxis. (2008).

http://www.best-of-accessibility.de/uploads/files/2008/kliehm.pdf, Abruf am 2009-05-22.

[Lads08]

Ladstätter Martin: W3C hat neue Richtlinien für barrierefreie Web-Angebote veröffentlicht. (2008).

http://www.bizeps.or.at/news.php?nr=9331, Abruf am 2009-02-26.

[Linn03]

Linnartz Christine: Gehörlose können doch lesen...?. (2003).

http://www.einfach-fuer-alle.de/artikel/gehoerlos. Abruf am 2009-04-23.

[Macr06]

Macromedia Flash Support Center: Versionshinweise zum Macromedia Flash Player 6. (2006).

http://www.adobe.com/support/flash/releasenotes/player/rn_6_de.html, Abruf am 2009-06-03.

[Meie06]

Meiert Jens: Usability-Konventionen: Grundlagen und Beispiele.

http://meiert.com/de/publications/articles/20061208, 2006-12-08, Abruf am 2009-04-18.

[Meie08]

Meiert Jens: Augenerkrankungen und barrierefreies Webdesign. (2008).

http://meiert.com/de/publications/articles/20061121. Abruf am 2009-04-02.

[MeNe]

Medizin-Netz: Photosensitive Epilepsie: Dem Auslösemechanismus auf der Spur. (2000)

http://www.medizin-netz.de/news/photosensitive-epilepsie-demausloesemechanismus-auf-der-spur, Abruf am 2009-02-12.

[Micr]

Micro WAL Software: oneTap.

http://www.mws4u.de/onetap.htm, Abruf am 2009-06-02.

[Mors04]

Morsbach, Jörg: Accessibility im Schatten der Usability.

http://www.barrierekompass.de/weblog/index.php?itemid=217, 2004-08-09, Abruf am 2009-04-19.

[MoSi89]

Morrisey Patrcia A., Silverstein Robert: The Technology-Related Assistance for Individuals with Disabilities Act of 1988. (1989).

http://findarticles.com/p/articles/mi_m0842/is_n2_v15/ai_8200899/?tag=untagged, Abruf am 2009-04-13.

[MPGE]

MPG&E: Die häufigsten Sehschwächen.

http://www.mpge.de/besser-sehen/sehschwaechen.html, Abruf am 2009-03-17.

[MüAU08]

Müller Christiane: Accessibility und Usability. (2008).

http://www.die-barrierefreie-website.de/barrierefrei/accessibility-und-usability.html, Abruf am 2009-06-21.

[MüGl09]

Müller Christiane: Die barrierefreie Webseite: Glossar. (2009).

http://www.die-barrierefreie-website.de/glossar.html#validitaet,

Abruf am 2009-06-11.

[Müll09]

Müller Christiane: Web Content Accessibility Guidelines. (2009).

http://www.die-barrierefreie-website.de/barrierefrei/web-content-accessibility-guidelines.html, Abruf am 2009-03-17.

[MüVa08]

Müller Christiane: Online-Validatoren. (2008).

http://www.die-barrierefreie-website.de/barrierefrei/online-validatoren.html, Abruf am 2009-06-11.

[Niel05]

Nielsen Jakob: Lower-Literacy Users.

http://www.useit.com/alertbox/20050314.html, Abruf am 2009-04-13.

[Plus]

Plustek: Der Scanner, der das Buch zum Sprechen bringt.

http://www.plustek.de/web/product/bookreader_v100.php, Abruf am 2009-06-02.

[Roth09]

Roth Travis: ARIA Tree Markup. (2009).

http://www.travisroth.com/2008/10/28/aria-tree-markup, Abruf am 2009-05-27.

[Rowl04]

Rowland Cyndi: Kognitive Behinderungen – Teil2: Designgrundsätze entwickeln. (2004).

http://www.einfach-fuer-alle.de/artikel/kognitive-behinderungen/2, Abruf am 2009-05-17.

[Schm02]

Schmitz Christian: Ein Netz voller Scheren, Barrieren und Chancen. (2002).

http://www.einfach-fuer-alle.de/artikel/barrieren, Abruf am 2009-04-19

[Scie04]

Scielo Public Health: Bulletin of the World Health Organisation: Glaucoma now second leading cause of blindness. (2004)

http://www.scielosp.org/scielo.php?pid=S0042-96862004001100001&script=sci_arttext&tlng=en, Abruf am 2009-04-12.

[syco]

systemconcepts: Three new accessibility and web design standards ISO 9241 parts 20, 151 and 171. (2009).

http://www.system-concepts.com/articles/standards-and-legislation/three-new-accessibility-and-web-design-standards-iso-9241-parts-20,-151-and-171. Abruf am 2009-06-21.

[TAW3]

CTIC: TAW (Web Accessibility Test).

http://www.tawdis.net/taw3/cms/en, Abruf am 2009-06-11.

[Tikw06]

Tikwinski Thomas: W3C kündigt Roadmap für Accessible Rich Internet Applications (WAI-ARIA) an.

http://www.w3c.de/Press/2006/aria-pressrelease.de.html, Abruf am 2009-03-20.

[Tikw07]

Tikwinski Thomas: Über das World Wide Web Consortium (W3C). (2007).

http://www.w3c.de/about/overview.html, Abruf am 2009-04-24.

[tire09]

tiresias.org: Who Benefits From ICT Accessibility?. (2009)

http://www.tiresias.org/accessible_ict/who.htm, Abruf am 2009-04-22.

[Trög]

Tröger Daniel: Flash XHTML konform und barrierefrei einbinden.

http://www.willimedia.de/blog/Flash-xhtml-konform, Abruf am 2009-06-03.

[VdK08]

Sozialverband VdK: Jeder zehnte Deutsche hat eine Behinderung.
http://www.vdk.de/cgi-bin/cms.cgi? ID=de19753&SID=h366rmR0uIuOzV
yc5j8PAo77Aq9tJS. 2008-10-30,
Abruf am 2009-04-22.

[W3CA00]

W3C: Das World Wide Web Consortium gibt Richtlinien für die Zugänglichkeit von Authoring Tools als Recommendation frei. (2000)

http://www.w3c.de/ATAG-PressRelease.html, Abruf am 2009-04-12.

[W3CA09]

W3C: Accessible Rich Internet Applications (WAI-ARIA) 1.0. (2009).

http://www.w3.org/TR/wai-aria, Abruf am 2009-05-27.

[W3CH57]

W3C: Techniques for WCAG 2.0: H57: Using language attributes on the html element. (2008).

http://www.w3.org/TR/WCAG20-TECHS/H57.html, Abruf am 2009-06-22.

[W3CH67]

W3C: Techniques for WCAG 2.0: H67: Using null alt text and no title attribute on img elements for images that AT should ignore. (2008).

http://www.w3.org/TR/WCAG20-TECHS/H67.html, Abruf am 2009-06-22.

[W3CR06]

W3C: XHTML Role Attribute Module. (2006).

http://www.w3.org/TR/2006/WD-xhtml-role-20060725, Abruf am 2009-04-19.

[W3CSCR18]

W3C: Techniques for WCAG 2.0: SCR18: Providing client-side validation and alert. (2008).

http://www.w3.org/TR/WCAG20-TECHS/SCR18.html, Abruf am 2009-06-22.

[W3CSCR28]

W3C: Techniques for WCAG 2.0: SCR28: Using an expandable and collapsible menu to bypass block of content. (2008).

http://www.w3.org/TR/WCAG20-TECHS/SCR28.html, Abruf am 2009-06-22.

[W3CT08]

W3C: Techniques for WCAG 2.0. (2008).

http://www.w3.org/TR/WCAG20-TECHS, Abruf am 2009-06-22.

[W3CU02]

W3C Recommendation: User Agent Accessibility Guidelines 1.0. (2002)

http://www.w3.org/TR/WAI-USERAGENT, Abruf am 2009-03-16.

[W3CW99]

W3C: Zugänglichkeitsrichtlinien für Web-Inhalte 1.0. (1999).

http://www.w3c.de/Trans/WAI/webinhalt.html, Abruf am 2009-04-05.

[WaKa06]

Warnke Karsten: Der BITV-Test – Gradmesser für Barrierefreiheit. (2006).

http://www.verdi-wir-in-der-ba.de/arbeitsschutz_inhalt/cf_06_12_barrierefreiheit.pdf, Abruf am 2009-06-12.

[Walt08]

Walter Stefan: Einführung in WAI ARIA. (2008).

http://www.hessendscher.de/wai-aria, Abruf am 2009-05-31.

[WAVE09]

WebAIM WAVE: Welcome to WAVE. (2009).

http://wave.webaim.org, Abruf am 2009-06-11.

[WebA09]

WebAIM – Web Accessibility in Mind: Survey of Preferences of Screen Readers Users. (2009)

http://www.webaim.org/projects/screenreadersurvey, Abruf am 2009-05-20.

[Webf]

WebFormator: Produktinfo. (2009).

http://www.webformator.de/deutsch/produktinfo.html, Abruf am 2009-05-31.

[WebF08]

Web ohne Barrieren: Neue Version der Firefox Accessibility Extension. (2008).

http://www.wob11.de/ffaccessibilityextension.html. Abruf am 2009-06-11.

[Wirt09]

Wirth Timo: 7 Gründe Wai-Aria Landmarks sofort einzusetzen. (2009)

http://www.vorsprungdurchwebstandards.de/theory/7-gruende-wai-aria-landmarks- sofort-einzusetzen, Abruf am 2009-05-27.

[Wyat06]

Wyatt Tiffany: PDF barrierefrei?. (2006).

www.feldwaldwiese.de/downloads/barrierefreie_pdfs_text.pdf,

Abruf am 2009-03-02.

[WyZa08]

Wyatt Tiffany, Zapp Michael: WCAG 2.0: Neue Richtlinien für Barrierefreiheit – warum eigentlich?. (2008)

http://www.dvbs-online.de/horus/2008-4-4423.htm, Abruf am 2009-03-17.

[Zufa]

Zugang für alle: Barrierefreie PDF-Dokumente.

http://www.access-for-all.ch/de/pdf.html, Abruf am 2009-04-13.

Quellverzeichnis der Abbildungen und Tabellen

Abbildung 1: MPG&E: Die häufigsten Sehschwächen.

http://www.mpge.de/besser-sehen/sehschwaechen.html,

Abruf am 2009-03-17.

Abbildung 2: Meiert Jens: Augenerkrankungen und barrierefreies Webdesign. (2008).

http://meiert.com/de/publications/articles/20061121.

Abruf am 2009-04-02.

Abbildung 3: Haine Paul: Typography on the web. (2008).

http://dev.opera.com/articles/view/11-typography-on-the-web.

Abruf am 2009-06-21.

Abbildung 4: Papenmeier: Spezialwissen: Sehbehindert. (2009)

http://www.papenmeier.de/rehatechnik/produkte/sehbehinderte/sehbehindert_glossar/retinitisPigmentosa.html,

Abruf am 2009-06-22.

Abbildung 5: freiraum: Technische Hilfen für Blinde u. Sehbehinderte

http://www.freiraum-europa.org/index.php?menuid=0&reporeid=198, Abruf am 2009-06-21.

Abbildung 6: Müller Christiane: Die barrierefreie Webseite.

http://www.die-barrierefreie-website.de/barrierefrei/accessibility-und-usability.html, Abruf am 2009-06-21.

Abbildung 7: W3C: WAI: The WCAG 2.0 Documents. (2008).

http://www.w3.org/WAI/intro/wcag20, Abruf am 2009-06-22.

Abbildung 8: Adobe Systems: Adobe Flash Player 10 accessibility overview. (2009).

http://www.adobe.com/accessibility/products/flashplayer/

	overview.html, Abruf am 2009-06-04.
Abbildung 9-15:	Screenshots - eigene Erstellung
Abbildung 16:	Colour Contrast Check. (2009).
	http://www.snook.ca/technical/colour_contrast/colour.html,
	Abruf am 2009-06-09.
Abbildung 17:	W3C: Markup Validation Service. (2009).
	http://validator.w3.org/
Abbildung 18:	W3C: CSS Validation Service. (2009).
	http://jigsaw.w3.org/css-validator
Tabelle 1:	Beier Markus, Gizycki von Vittoria: Usability: Nutzerfreundliches Web-Design. (2002). Springer-Verlag. Berlin, S. 5.
Tabelle 2:	Nielsen Jakob: Lower-Literacy Users. (2005)
	http://www.useit.com/alertbox/20050314.html,
	Abruf am 2009-04-13.
Tabelle 3:	tiresias.org: Who Benefits From ICT Accessibility?. (2009)
	http://www.tiresias.org/accessible_ict/who.htm,
	Abruf am 2009-04-22.
Tabelle 4-6:	Schmitz Christian: Ein Netz voller Scheren, Barrieren und Chancen. (2002).
	http://www.einfach-fuer-alle.de/artikel/barrieren,
	Abruf am 2009-04-19
Tabelle 7-16:	WebAIM – Web Accessibility in Mind: Survey of Preferences of Screen Readers Users. (2009)
	http://www.webaim.org/projects/screenreadersurvey,
	Abruf am 2009-05-20.
Tabelle 17:	Faulkner Steve: ARIA Landmark role tests – Firefox 3 & Internet Explorer 8 + Assistive Technology. (2009).

	http://www.paciellogroup.com/blog/misc/landmarks.html, Abruf am 2009-06-22.
Tabelle 18:	Kliehm Martin: Barrirefreie Web 2.0 Anwendungen mit WAI ARIA. (2007).
	http://www.barrierekompass.de/weblog/index.php?itemid=541, Abruf am 2009-06-22.
Tabelle 19:	Walter Stefan: Einführung in WAI ARIA. (2008).
	http://www.hessendscher.de/wai-aria, Abruf am 2009-05-31.
Tabelle 20:	Adobe Systems: Komponenten-Referenzhandbuch für ActionScript 3.0: fl.accessibility. (2007).
	http://livedocs.adobe.com/flash/9.0_de/ActionScriptLangRefV3/fl/accessibility/package-detail.html, Abruf am 2009-06-04.
Tabelle 21:	Warnke Karsten: Der BITV-Test – Gradmesser für Barrierefreiheit. (2006).
	http://www.verdi-wir-in-der-ba.de/arbeitsschutz_inhalt/cf_06_12_barrierefreiheit.pdf, Abruf am 2009-06-12.

Anhang

Initiativen, Projekte und Portale zum Thema Barrierefreiheit

Einfach für Alle - Initiative der Aktion Mensch für ein barrierefreies Internet

Im Jahre 2000 gegründet, richtet sich die Initiative an Anbieter von Internetseiten und Agenturen zur Aufklärung über Barrieren im Netz und wie man diese verhindern kann.

http://www.einfach-fuer-alle.de

Barriere Kompass

Ein Informations-Portal rund um das Thema Barrierefreies Internet.

http://www.barrierekompass.de

WEB for ALL

WEB for ALL ist ein Projekt des Vereins zur beruflichen Integration und Qualifizierung e.V. Ziel ist es, behinderte Menschen zu qualifizieren und zu beschäftigen. Das Projekt wurde im Jahre 2000 ins Leben gerufen, um Barrieren im Internet zu beseitigen.

http://www.webforall.info

Aktionsbündnis für barrierefreie Informationstechnik

Verschiedene Institutionen und Verbände haben sich zusammengeschlossen, um Barrierefreiheit in der Informationstechnik gemeinsam zu fördern. Sie haben sich unter anderem zum Ziel gemacht, Zugangsbarrieren zu berufsrelevanten Informations- und Kommunikationsangeboten abzubauen und ein deutsches Kontaktzentrum im europäischen Netzwerk zu schaffen.

http://www.abi-projekt.de

Zugang für alle

Die Stiftung mit Sitz in der Schweiz und im Fürstentum Lichtenstein setzt sich für die Technologieerschließung und -nutzung durch Menschen mit Behinderung ein, mit Konzentration auf die Bedürfnisse von blinden und sehbehinderten Menschen.

http://www.access-for-all.ch

barrierefrei kommunizieren

Mit Sitz in Berlin und Bonn richtet sich das Projekt „barrierefrei kommunizieren" mit seinen Angeboten als Schulungs-, Informations-, Kommunikations-, Beratungs- und Veranstaltungszentrum an Menschen mit Behinderungen aller Altersgruppen, Einrichtungen, Multiplikatoren und Programmierer.

http://www.barrierefrei-kommunizieren.de

Autorenprofil

Jens Gundermann arbeitet seit vielen Jahren als Webentwickler und -designer mit Fokus auf marketingorientierten und barrierearmen Webseiten. Bereits während seines Informatikstudiums mit Schwerpunkt auf neue Medien hat er im Bereich von alternativen Benutzerschnittstellen seine Erfahrungen gesammelt und sie auch in verschiedenen Projekten einbringen können. Zu seinem Portfolio gehören Fotografie, professionelles Webdesign und Beratung im Bereich Content Management.

Printed in Germany
by Amazon Distribution
GmbH, Leipzig